나는
한국반 미국반
투자한다

주식 1도 모르는 사람도 수익 내는 안전한 주식투자법

나는 한국 반 미국 반 투자한다

린지 지음

매일경제신문사

한국 주식 미국 주식 동시에 투자하기

'한국 주식도 잘 모르는 사람이 미국 주식을 함께 시작할 수 있다고?'

책 제목을 보는 순간 이런 의문을 가졌을 수 있을 것 같습니다. 한 가지도 어렵고 잘 모르는데 두 가지를 동시에 하라니. 그렇다면 공부할 내용도 두 배가 될 텐데…. '에잇, 일단 한국 주식 먼저 공부하고 미국 주식은 나중에 하지 뭐'라는 마음이 들 겁니다. 하지만 걱정하지 마세요. 국내 주식이든 미국 주식이든 '주식'이라는 본질은 같으니까요.

영어 시험인 토익TOEIC과 텝스TEPS는 문제 유형이 다른 시험입니다. 그런데 두 시험 모두 '영어 능력을 평가한다'는 본질이 같습니다. 그래서 토익을 준비할 때 외웠던 영어 단어나 문법은 텝스를 준비할 때도 충분히 활용될 수 있죠. 주식도

상향식 접근 Bottom up
시장 상황과 무관하게 개별 기업의
내재가치를 분석해 종목을 발굴하는 방식

하향식 접근 Top Down
거시적인 경기의 흐름과 산업을 분석한 뒤
기업을 선정하여 투자하는 방식

마찬가지입니다. 국내 시장과 미국 시장은 운영 규칙과 특징 등 서로 다른 점이 존재하지만 주식이라는 본질이 같아 시장의 사이클, 재무적인 지식 등 두 시장을 알기 위해 공부해야 하는 공통적인 부분도 있습니다. 이는 하나의 개념을 공부해 두 개의 시장에 모두 적용해볼 수 있다는 사실을 의미합니다.

물론, 동시에 투자하는 데 있어 '시간'이라는 요소를 무시하기는 어렵습니다. 6,000개가 넘는 한국과 미국 기업 중에서 투자할 기업을 찾는다면 시간이 배로 소요될 거예요. 그래서 이 책에서는 수고를 줄이고 안정성을 높여 투자할 수 있는 현실적인 방법을 제안합니다.

국내 주식투자는 상향식 접근을 통한 '개별주 투자', 미국 주식투자는 하향식 접근을 통해 'ETF로 투자하기'를 중심으로 자세히 소개하겠습니다.

누군가는 "둘 중에 더 좋은 접근법을 하나만 선택하는 것은 어떨까요?" 질문할 수도 있을 거예요. 하지만 '어느 쪽이 절대적으로 더 낫다'고 단정할 수 없습니다. 다수의 투자자가 두 가지 방식의 타당성을 투자 성과로 증명했기 때문입니다. 가치투자자의 롤모델 워런 버핏이 대표적인 상향식 투자자, 자산 배분의 왕 레이 달리오가 대표적인 하향식 투자자입니다. 자, 그럼 이제 시작해볼까요?

주식투자 시작하고
딱 한 가지 후회한 것

20대 후반, 직장인일 때 처음 주식을 사봤습니다. 3년 정도 사회생활을 해보니, '월급만으론 안 된다'는 위기의식이 느껴졌습니다. 이대로는 제가 원하는 '평범한 삶'을 살 수 없겠다고 생각했습니다. 은행 이자는 쥐꼬리만하고, 부동산 투자를 하기엔 가진 돈이 부족하고…. 그래서 상대적으로 적은 투자금으로 자본 소득을 얻을 수 있는 유일한 방법인 주식투자를 시작했습니다.

주식투자를 시작하고 2~3년 동안 하고 싶은 것은 다 해보았습니다. 기업 가치를 분석해 장기투자도 해보았고, 테마주·급등주 등 차트만 보고 단기 트레이딩도 해보았어요. 직장을 다니면서 투자해보다가 직장을 그만두고 전업투자도 해보았습니다. 며칠 만에 수천만 원을 벌어보기도 하고 잃어보기도 했죠. 투자 구루들이 쓴 거의 모든 책을 읽으며 직접투자하면서 후회 없는 시간을 보냈습니다. 그 시간 덕분에 이제는 제 돈뿐 아니라 다른 분들의 투자자산을 관리하는 일을 할 수 있게 되었습니다.

그런데 딱 한 가지 아쉬운 점이 있습니다. '처음에 국내 주식투자만 한 것'이 아쉬워요. 투자를 시작할 당시에 시야를 넓혀 '더 큰 미국 시장에 투자했다면…' 하는 아쉬움이 아직도 남아 있습니다. 어차피 잘 모르는 것은 비슷하니까요. 주식 용어, 주가가 적정한지 가치를 평가하는 방법 등은 국내 주식투자를 할 때든 미국 주식투자를 할 때든 공통적으로 알아야 하는 부분입니다. 그리고 세계 경제와 금융시장은 유기적으로 연결되어 있어 한국 주식투자만 하더라도 미국 경제에도 관심을 가져야 합니다.

국내 주식과 미국 주식에 동시에 투자할 수 있는 좋은 타이밍을 놓치고 싶지 않은 분들을 위해 이 책을 썼습니다. 주식투자에 관해 대충 알고 있고, 이제 제대로 공부해보려는 분들에게도 큰 도움이 될 거예요. 주식투자를 하기 위해 꼭 알아야 하는 한국 시장과 미국 시장에 관한 기본적인 내용부터 두 시장에 적용할 수 있는 재무제표의 기본과 가치평가 방법, 투자 타이밍을 알기 위해 파악해야 하는 시장 사이클의 핵심도 담았습니다. 이 책을 다 읽고 나면 직접투자에 필요한 정보를 찾고, 찾은 정보를 활용해 적정 주가를 계산하고 평가할 수 있을 것입니다.

　이 책을 집필하는 동안 건강하게 태어나준 소중한 딸 지안이와 항상 옆에서 든든한 지지자가 되어준 남편에게 사랑을 전합니다. 또 이 책이 출간되기까지 지연되는 일정 속에서도 응원을 아끼지 않으며 함께해주신 여인영 담당자님과 관계자분들께 감사 인사를 전합니다. 그리고 무엇보다 투자 초기 여정에 이 책을 참여시켜주신 독자분들께 고마운 마음을 전하고 싶습니다. 주식투자의 세계로 오신 것을 환영합니다. 앞으로 오랜 기간 투자 동지로 소통하며, 장차 경제적 자유라는 공감대를 함께 나누게 되기를 기대합니다.

린지

CONTENTS

PART 1
개념도 실전 투자로 완성하라: 한국 주식

국내 주식시장의 모든 것

국내 주식, 어떻게 사고팔까?

주식 차트, 꼭 봐야 할까?

섹터와 성격 알면 사야 할 주식이 보인다

주식투자의 3단계: 호감, 썸에서 연애까지

PART 2
미국 주식, 어디서부터 시작할까?

Part 1

개념도 실전 투자로 완성하라: 한국 주식

국내 주식시장의
모든 것

나만 안 하는 것 같은 주식투자, 시작은 이렇게!

저는 새로운 일을 마주할 때 너무 완벽하게 모든 것을 준비하려 애쓰기보다는 '두렵지만 일단 부딪혀보자!'라는 마음가짐을 갖습니다. 아무리 현명한 사람일지라도 어떤 일을 처음 할 때는 능숙하기보다 미숙할 것이고, 실수도 할 테니까요. 그러나 실패 경험은 오히려 깨달음의 기회가 됩니다.

하지만 주식투자는 일반적 경험과는 다르게 조심스럽게 접근할 필요가 있습니다. 투자에서의 실수는 단순히 감정적·경험적 좌절이 아니라 치명적인 금전적 손해로 이어지기 때문이죠. 특히, 처음부터 큰돈을 투자하여 소중히 모은 큰돈을 한순간에 잃는 경험은 반드시 피해야 합니다. 그래서 주식투자는 '일단 부딪혀보자'라는 마음으로, 반드시 100만 원

정도의 소액으로 시작해야 합니다. 그래야 실수도 좋은 경험이라고 말할 수 있을 거예요.

또 한 가지 주의할 점은 '단기간에 빠르게 투자금을 늘리면 안 된다'는 것입니다. 초보 투자자들이 가장 많이 하는 실수 중 하나는 처음엔 상대적으로 적은 돈으로 투자를 시작한 뒤, 작은 수익을 맛보게 되면 자신감이 생겨 큰돈을 추가로 투자하는 거예요. 투자 금액이 커지면 수익이 커질 수도 있지만 그만큼 감당해야 할 무게와 책임 또한 커진다는 사실을 알아야 합니다. 주식투자가 처음이라면 조급해하지 말고, 100만 원으로 투자하면서 공부해보세요.

그러면 언제 투자금을 늘리냐고요? 회사 입사 후 처음에는 모든 것이 서툴고 부족해 새로운 일을 배우기 바쁩니다. 그리고 최소한 1년, 사계절은 겪어 봐야지 내가 하는 일이 어떤 일인지 감이 잡힙니다. 3~4년 차 대리가 되면 회사가 어떤 식으로 돌아가는지 파악해, 실무적으로 능숙해지죠. 주식투자도 마찬가지 아닐까요? 처음 1년은 정신없을 것입니다. 아무리 노력한다고 해도 실수하는 것이 당연합니다. 최소한 수습 기간 3~4개월을 가지며 혹시나 큰 실수를 해도 금전적·정신적으로 타격이 없는 투자금으로 투자를 해야 합니다. 수습 기간이 지난 뒤 천천히 투자금을 늘려가거나 1년 동안 충분히 시행착오를 겪은 후에 투자금을 늘리는 것이 '안전한 주식투자'의 시작입니다.

'일단 부딪혀보자'라는 마음으로 소액 주식투자를 시작한 뒤 가장 첫 번째로 공부해야 할 것은 무엇일까요? 좋은 기업을 찾는 방법? 수익률을 높이는 방법? 아닙니다. 주식시장 자체를 알아야 하고 기본적인 규칙을 이해해야 합니다. 새로운 전자제품을 샀을 때를 떠올려보세요. 먼저 매뉴얼을 읽어보거나 유튜브로 기능과 활용 방법 등을 미리 알아보고 사용하면 내게 꼭 필요한 기능을 알 수 있어 전자제품을 더욱 유용하게 활용할 수 있게 되고, 올바른 방법으로 사용해 고장 내지 않고 오래 쓸 가능성도 커집니다.

우리는 매뉴얼을 읽듯 제일 먼저 국내 주식투자 시 꼭 알아야 할 개념과 규칙을 배울 것입니다. '주식투자를 한다'는 것의 의미와 주식 주문이 가능한 운영 시간, 주문 유형 등 아주 기본적인 규칙을 말이죠. 만약 이런 기본적인 내용들을 가볍게 여기고 무작정 주식투자를 시작하면 단기간에 계좌가 고장 날 수도 있습니다. 고장난 전자제품은 바로 A/S를 받아서 원상복구할 수 있지만, 고장 난 계좌는 바로 복구하는 일이 불가능할 수도 있어요. 그러니 고장이 난 다음 원인을 찾기보다 미리 고장 나지 않게 사용하는 방법을 숙지하는 것이 현명한 투자자의 모습이겠죠? 기본적인 내용은 마음먹고 주말에 하루 시간 내서 읽어본다면 충분히 익힐 수 있는 내용인 만큼 꼭 공부하고 넘어가야 합니다.

실수라는 가능성을 열어두세요

사람은 누구나 실수를 합니다. 하지만 돈을 잃을 생각으로 주식투자를 시작하는 사람은 없습니다. 이 책을 펼친 독자의 90% 이상은 '내 이야기는 아니야'라고 생각할 겁니다. '절대 실패하지 말아야지' 하고 결론을 내리는 대신 '당연히 실수할 수 있어'라고 가능성을 열어두세요. 오히려 그런 자세가 올바른 투자를 하는데 더 도움이 됩니다. '실수할 수 있다', '실패할 수 있다' 같은 생각을 남의 이야기로 치부해버리는 이유는 '두렵기 때문'입니다. 투자에서 실수는 손실로 연결되는 경우가 많기 때문에 상상조차 하기 싫은 것이 당연합니다.

하지만 실수를 너무 두려워하지 마세요. 세계적인 투자의 구루 워런 버핏도 실수를 합니다. 버핏은 10대에 주식투자를 시작해 38달러에 매수한 시티즈 서비스Cities Service 주식을 40달러에 매도했습니다. 그런데 버핏이 매도한 이후 시티즈 서비스는 200달러까지 올랐고, 버핏은 그 실수를 통해 장기투자의 중요성을 깨달았습니다. 버핏은 최근에도 실수를 했습니다. 작년 코로나19 사태가 터진 이후 5월에 열린 버크셔해서웨이 주주총회에서 "That was my mistake"라고 말하며 항공주 투자는 실수였다고 주주들 앞에서 공개적으로 인정했습니다.

10대 버핏은 물론, 투자 경험 60년이 된 90대 버핏 할아버지조차 주식투자에 있어 잘못된 결정을 합니다. 버핏이 그랬던 것처럼 우리는 투자를 하며 실수할 수도 있어요. 하지만 내 실수를 발견하고 인정하며, 올바른 선택을 하려 고군분투한다면 어느새 초보 투자자 딱지를 뗄 수 있을 것이고 현명한 투자자의 길에 올라설 것입니다.

주식, 뭔지는 알고 있나요?

주식투자를 하겠다면서 '주식'의 정확한 의미를 모르는 이들이 많습니다. 단순하게 수학 공식을 암기하는 학생과 공식이 도출되는 과정을 개념적으로 이해하고 공식을 암기한 학생은 문제 응용능력에서 차이가 납니다. 공식을 암기하면 단순한 예제 문제는 쉽게 풀 수 있지만 응용 문제는 풀지 못하는 경우가 많습니다. 그러나 어려운 문제가 등장해도 당황하지 않고 문제를 풀어낼 수 있어야 하죠. 주식투자도 마찬가집니다. 주식의 의미에 대해서 먼저 알아볼까요?

주식이란 기업의 지분, 즉 '소유권'을 말합니다. 회사 소유권 전체를 마치 피자 조각처럼 나누어 놓았다고 생각하면 쉬워요. 그러니까 우리가 주식을 사는 것은 피자 조각 하나를 사는 것처럼 회사의 소유권 중 일부인 '지분'을 사는 것이 됩니다. 그래서 주식과 지분은 같은 말처럼 쓰입니다.

만약 린지가 삼성전자 주식을 5만 원에 1주 매수하여 보유 중이라고 가정해볼까요? 그렇다면 린지는 삼성전자의 주주株主가 됩니다. '주인 주株'가 들어갔으니 삼성전자라는 회사의 주인이 되었다는 뜻이죠. 하지만 삼성전자가 100% 린지의 소유는 아닙니다. 게다가 린지는 영향력이 있는 주인도 아닙니다. 삼성전자의 전체 소유권 중에서 아주 일부만 소유하고 있기 때문입니다. 삼성전자는 67억 주가 넘는 주식이 발행되어 있는데 린지는 그중 단 1주만 보유하고 있습니다. 그러니 삼성전자에 대한 린지의 영향력은 매우 미미하여 혼자서는 회사의 경영에 어떠한 영향도 줄 수 없는 '개미'라고 할 수 있어요.

(주식)회사의 주인은 대부분의 경우 한 명이 아니라 여러 명입니다. 핸드폰이나 지갑과 같이 그 소유가 특정인 한 명에게 귀속되는 것과 달라요. 회사는 지분을 보유한 여러 사람이 조금씩 공동으로 소유하게 되는 구조를 갖고 있습니다. 따라서 주식을 산다는 것은 나 이외에 주식을 보유한 수많은 주주들과 함께 회사의 주인이 된다는 것, 동업자가 된다는 의미입니다. 예를 들어 삼성전자 주식을 보유한 린지의 동업자는 이재용 씨, 국민연금공단 등 삼성전자 주식을 보유하고 있는 수많은 개인 투자자들이 됩니다.

그렇다면 주식은 누가 발행할까요? 1만 원, 5만 원권 같은 국내 화폐는 금융통화위원회에서 결정, 한국은행에서 발행합니다. 한편, 주식은 회사의 의사결정 기관 중 하나인 이사회가 결정하고, 해당 기업에서 발행합니다. 삼성전자의 주식은 삼성전자의 이사회에서 결정, 발행됩니다.

그렇다면 린지가 삼성전자의 주주가 되면 회사가 발행한

2000년 SK Telecom 주식증권

주식 증권을 실물로도 받을 수 있을까요? 과거에는 증권사 지점을 통해 신청하면 예탁결제원이 보관하고 있는 실물 종이 증권을 수령할 수 있었습니다. 하지만 2019년 전자증권제도가 도입되면서 실물 증권의 발행이 중지되어 더 이상 실물 증권 수령이 어려워졌습니다.

주식이 무엇인지 그 개념을 이해했나요? 그렇다면 주식을 발행하고 파는 회사의 입장에서 먼저 주식에 관해 생각해본 다음, 주식을 매수하는 개인 투자자의 입장에서 주식을 이해해봅시다. 그러면 '주식투자'를 이해하고 '주식시장'을 직관적으로 이해하는 데 도움이 될 거예요.

기업의 오너는 왜 주식을 팔까요?

기업의 창업자(오너)는 왜 주식을 왜 파는 걸까요? 페이스북은 2012년, 나스닥 시장에 상장되었고 첫날 주가는 38달러 수준이었습니다. 그 뒤로 20년이 채 지나지 않은 현재, 주가가 280달러에 육박합니다(2020년 12월 기준). 페이스북을 창업한 마크 저커버그와 그의 친구들이 회사의 지분을 일반 투자자에게 팔지 않고 계속 보유했다면 더 큰 부자가 될 수 있었을까요? 그들은 왜 회사의 지분(주식)을 팔았을까요?

창업자들 혹은 투자자들이 지분을 파는 이유는 아주 단순합니다. '돈' 때문입니다. 자영업자가 사업을 확장할 때, 직장인이 집을 살 때 당장 가진 것보다 더 많은 돈이 필요하면 은행에서 대출을 받습니다. 마찬가지로 기업 역시 사업의 확장이나 성장을 위해 돈이 필요하면 은행에서 대출을 받을 수 있어요. 그런데 기업은 개인보다 더 많은 선택지가 있죠. 그중하나가 바로 일부 지분(주식)을 파는 것입니다.

가구나 전자제품 등을 팔기 위해서는 규격과 스펙 등 제품과 관련 있는 정보를 고객에게 제공해야겠죠? 기업은 기업 외부의 일반인들에게 지분을 팔기 위해 재무 상태 등 내부관계자만 알고 있던 기업의 중요한 정보를 외부에 공개하는데 이를 기업 공개IPO, Initial Public Offering라고 합니다. 기업은 대개 IPO를 통해 기업 정보를 외부에 공개하고, 이후 거래소에 상장하게listing * 됩니다. 상장을 통해 회사의 주식은 일반 투자자들

---

* 주식시장에서 주식을 발행·등록해 거래되도록 한다는 뜻

나는 한국 반 미국 반 투자한다

페이스북 주가 변동 추이

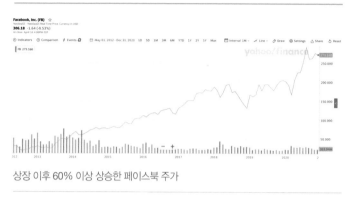

상장 이후 60% 이상 상승한 페이스북 주가

출처: 야후 파이낸스

에 의해 공개적으로 값(기업 가치)이 매겨지고 거래됩니다.

주식이 시장에서 거래되면 기업이 성장함에 따라 기업의 가치, 지분의 값이 커지게 되어 창업자는 더 큰 부를 축적할 수 있습니다. 페이스북이 상장되지 않았다면 저커버그도 지금과 같은 부를 이루진 못했겠죠?

그렇다면 반대로 기업 외부의 일반인들은 회사 관계자도 아닌데 왜 특정 기업의 주식을 사는 걸까요? 사는 것과 파는 것은 정반대의 행위이지만 파는 사람이나 사는 사람이나 목적은 같습니다. '돈' 때문입니다. 내가 산 주식의 가격이 오르면 그에 따른 시세차익을 얻을 수 있기 때문에 주식을 삽니다. 이익을 얻기 위해 자금을 대는 것을 투자라고 하죠. 그래서 '주식을 산다'라는 말은 '주식투자를 한다'라는 말과 동의어가 됩니다.

그런데 문제가 있습니다. 기업과 투자자는 서로 상반된 마음을 품고 있다는 것입니다. 가령 기업이 지분이나 채권을 팔아 마련한 자금이 설비 투자를 늘리거나 신사업에 지출하는 데 투입이 되었다고 가정해봅시다. 투자한 금액만큼 투자금을 회수하는 데는 꽤 많은 시간이 걸리지 않을까요? 그러나 투자자는 투자금을 완전히 회수할 때까지 3년이고 5년이고 기약 없이 기다리고 싶지 않을 것입니다. 투자자는 기업에 투자한 자금이 내가 원하거나 필요할 때 언제든지 회수할 수 있길 바랄 거예요. 이렇게 투자자와 기업의 상반된 입장 문제가 발생하지 않게 하기 위해 주식시장은 크게 발행시장 primary market 과 유통시장 secondary market 으로 나뉩니다.

발행은 발행시장에서, 거래는 유통시장에서

발행시장은 일반 투자자를 대상으로 주식을 팔아 자금을 조달하는 시장입니다. 소수의 전문 투자자에게 비공개적으로 자금을 조달하는 것이 아닌 기업과 일반 투자자 간 거래가 이루어지는 시장입니다. 기업의 오너가 외부에 기업 정보를 공개하고IPO투자하길 원하는 일반인을 모집하는데요, 이를 공모公募라고 합니다. 일반 투자자는 공모주를 청약하여 주식을 배정받을 수 있습니다.* 기업은 발행시장을 통해 새로운 주

---

* 공모주 청약: 일반 투자자에게 청약을 받아 기업 공개를 통해 새로 발행한 주식을 배정하는 것

나는 한국 반 미국 반 투자한다

식을 발행해 장기적으로 돈(자기자본)을 조달할 수 있고, 기업 공개 이후 추가적으로 자금이 필요하면 유상증자*를 통해 추가적으로 주식을 발행해 자금을 조달할 수 있습니다. 자금 조달이 매우 용이해졌죠?

발행시장에서 발행된 주식은 이후 유통시장에 상장됩니다. 그리고 누구나 해당 기업의 주식을 자유롭게 매매할 수 있게 됩니다. 유통시장은 발행시장과 달리 투자자들이 원할 때 원하는 가격으로 자유롭게 주식을 사고파는 시장입니다. 우리가 특정한 수식 없이 부르는 주식시장은 바로 이 '유통시장'입니다. 우리나라를 대표하는 주식(유통)시장으로 코스피 시장(유가증권시장)과 코스닥시장이 있습니다.

정리해볼까요? 주식을 사고파는 시장을 주식시장이라고 부릅니다. 채소나 과일 등을 매매하는 시장을 청과물 시장, 어패류나 해조류 등 수산물을 매매하는 시장을 수산물 시장이라 부르는 것처럼 말이죠. 그런데 주식시장은 자세히 들여다보면 발행시장과 유통시장으로 나뉘고, 그 덕분에 기업과 일반 투자자 모두가 본인들이 원하는 목적을 이룰 수 있습니다. 주식을 발행하는 주체인 기업은 언제 투자금을 회수당할지 걱정하지 않아도 되니 계속해서 주식을 원활하게 발행할 수 있고, 주식을 매수하는 일반 투자자는 언제든지 원할 때

* 주식을 추가로 발행해 자금을 조달하는 것

상장된 주식을 매도하여 투자한 자금을 회수할 수 있습니다.

주식시장의 형과 아우: 코스피시장과 코스닥시장

주식투자에 문외한인 사람도 코스피, 코스닥은 들어보았을 거예요. '코스피시장KOSPI, Korea Composite Stock Price Index'은 우리나라를 대표하는 주식시장입니다. 코스피시장은 1956년에 개장되어 60년이 넘는 역사를 가지고 있는, 우리나라 주식시장을 대표하는 제1시장으로 '유가증권시장'과 동의어처럼 사용됩니다. 코스피시장에 상장된 상위 10개 기업을 살펴보면 우리나라를 대표하는 산업의 변화와 기술의 변화를 엿볼 수 있습니다. 과거에는 철강 및 제조업, 금융 등 전통 업종에 속하는 기업이 시가총액 상위에 있었습니다. 하지만 최근에는 카카오, 네이버, 셀트리온과 같은 인터넷IT 및 바이오 업종을 대표하는 기업이 시가총액 상위에 올라있어요.

한편, 코스피시장이 제1시장이라면 '코스닥시장KOSDAQ, Korea Securities Dealers Automated Quotations'은 제2시장입니다. 코스닥시장은 미국의 나스닥시장NASDAQ, National Association of Securities Dealers Automated Quotation을 벤치마킹한 것으로, 1996년도에 개장되었습니다. 코스피시장보다 40년 어린 동생이죠. 코스피시장에 상장된 기업에 비해 규모가 작은 중소·벤처기업의 주식이 거래되는 시장입니다.

코스피시장이냐 코스닥시장이냐에 따라 상장기업의 규모

에 차이가 나는 이유는 '상장 요건'이 다르기 때문입니다. 코스피시장에 상장되기 위해서는 '매출액 최소 1,000억 이상', '순이익 50억', '자기자본 300억 이상' 등 자격 요건을 갖추어야 합니다. 한편, 코스닥시장은 '매출액 100억', '순이익 20억' 등의 자격 요건을 갖추면 됩니다. 코스피에 비해 상대적으로 상장 조건이 까다롭지 않습니다. 하지만 상장이 되어도 자격 요건을 꾸준히 유지하지 못하면 상장 폐지당할 수 있습니다.

시장 분위기 파악, 주가지수 알면 가능해요

코스피·코스닥 시장의 전체 움직임을 보여주는 지표가 있는데요, 바로 코스피지수, 코스닥지수입니다. 많이 들어봤죠? 각각의 지수는 시장 전체의 움직임을 보여줄 뿐만 아니라 투자 성과를 평가할 때 기준이 되는 벤치마크로도 활용됩니다. '주가지수 상승률'을 '시장 수익률'이라고도 부릅니다. 그래서 투자 수익률이 벤치마크인 시장 수익률보다 높으면 시장 초과 수익을 달성한 것으로 보아 성공적인 투자로 평가하고, 반대의 경우는 시장 수익률에 미치지 못하니 아쉬운 투자로 평가할 수 있습니다.

국내 주식투자 시 벤치마크로 가장 많이 활용되는 것은 우리나라의 대표 주가지수인 코스피KOSPI, KOrea Composite Stock Price Index(종합주가지수)입니다. 코스피는 코스피에 상장된 모든 기업들의 움직임을 보여주는, 우리나라 주식시장을 대표하는 주가지

국가별 대표적인 주가지수

국가(시장)	지수
한국	KOSPI지수, KOSDAQ지수
미국	S&P500 지수, 다우존스산업지수, NASDAQ지수
중국	상해종합지수
일본	Nikkei225지수
홍콩	HSCEI지수, HSI지수
영국	FTSE100지수
유럽	EuroStoxx50지수

수입니다. 다른 말로 종합주가지수라고도 부릅니다. 주가지수는 특정 기준시점의 주가를 100 또는 1000으로 놓고 작성되는데, 코스피지수는 1980년 1월 4일, 100포인트로 시작하여 작년 말 2700포인트를 넘어섰습니다. 한편, 코스닥지수는 1996년 7월 1일, 100포인트로 시작하여, 최근엔 2000년 '닷컴 버블' 이후 처음으로 1000포인트를 돌파했습니다(2021년 4월 종가 기준). 주가지수, 특히 코스피는 우리나라 경제 상황을 총체적으로 보여주는 중요한 지표이기 때문에 신문이나 뉴스에서 매일 확인할 수 있습니다. 그리고 코스피200과 코스닥150은 각 시장을 대표하는 기업들로 구성된 지표입니다.

국내 주식,
어떻게 사고팔까?

주식시장 운영 시간, 시가와 종가

주식을 사고파는 주식시장에도 마트처럼 문 여는 시간과 닫는 시간이 있습니다. 주식을 매매하기 위해서 매매 가능한 시간을 알고, 각 시간별 알맞은 주문 방법을 숙지하는 것은 기본 중의 기본이겠죠?

주식시장은 '정규시장(정규장)'과 '시간외시장'으로 나뉩니다. 별다른 수식어 없이 부르는 주식시장 거래 시간은 정규장을 말하며 오전 9시에 개장해 오후 3시 30분까지 휴장 없이 운영됩니다. 다만, 주식시장은 마트와 다르게 정규장 시간 이외에도 주식을 매매할 수 있습니다. 이를 시간외시장이라 부릅니다. 시간외시장은 3개로 구분되기 때문에 주식시장은 총 4개 부분으로 나누어 볼 수 있습니다.

정규시장과 시간외시장

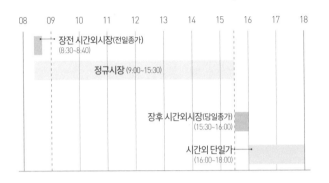

시장에 따라 주식 주문 시간과 주식 주문이 체결되는 시간에 차이가 있습니다. 4개로 구분한 주식시장은 운영 시간만 다른 것이 아니라 주문 시간과 주문 유형 및 체결 방식에도 차이가 있어 잘 정리해두어야 합니다.

11시에 문을 여는 맛집에 가서 밥을 먹기 위해 일찍 가서 10시 30분부터 줄을 서는 것처럼 '정규장'은 9시에 시작하지만 주문은 30분 전부터 받습니다. 그리고 이때 받은 주문은 아직 시장이 열리지 않았기 때문에 실시간으로 체결되지 않습니다. '주문만 미리 받아 놓는 것'이죠. 단, 주식시장이 맛집의 웨이팅 리스트와 다른 점은 '주문에 순서가 없다'는 거예요. 장전 30분부터 9시까지 들어온 주문에는 순서가 매겨지지 않습니다. 이때의 주문을 시간 순서가 분명하지 않은

나는 한국 반 미국 반 투자한다

시가와 종가를 결정하는 동시호가 주문 시간

동시호가 주문	시가 결정	종가 결정
주문 시간	8:30~9:00	15:20~15:30
체결 시간	9:00	15:30
주문 가격	전일 종가	당일 종가

동시에 접수된 호가라는 의미에서 '동시호가 주문'이라고 합니다.

동시호가 주문 시간(8:30~9:00)에 접수된 주문은 9시 장이 열릴 때 매수와 매도가 일치하는 곳에서 동시에 체결됩니다. 이때 맨 처음 체결된 가격이 당일 주식의 시가(시초가)가 됩니다. 당일 종가도 동시호가 주문으로 결정됩니다. 주식시장이 마감되기 10분 전인 15시 20분부터 실시간 체결에서 동시호가 주문으로 전환되어 15시 20분~15시 30분까지 10분 동안은 주문 접수만 받습니다. 그러고 나서 15시 30분 장이 마감할 때 주문이 체결되며 종가가 결정됩니다.

2가지만 기억하세요: 보통가(지정가) 주문, 시장가 주문

주문 시간을 확인했다면 주문 방법을 정리해볼까요? 열심히 공부하고 MTS 앱을 열었는데, 주문의 종류가 너무 많아 당황할 수 있습니다. 저도 맨 처음에는 주식을 매수할 때 주문 종류가 너무 많아 어떤 것을 선택해야 할지 고민했어요.

주식 주문 유형 확인
출처: 모바일증권 나무 MTS

그래서 10개가 넘는 각각의 주문 유형을 모두 공부했습니다. 하지만 매번 사용하는 주문 유형은 2~3개로 정해져 있고, 많은 주문 유형 중 단 한 번도 사용할 일 없는 주문이 절반 이상입니다. 앞으로 우리가 가장 많이 사용하게 될 주문만 꼽아 시장별로 나누어 정리해볼게요. 만약 스마트폰에 MTS가 있다면 앱을 열어 둔 채 확인하면서 보면 좋겠습니다.

정규장이 시작되고 9시부터 접수되는 주문은 15시 20분까지 실시간으로 체결됩니다. 정규장에서는 '보통가(지정가) 주문'과 '시장가 주문'을 가장 많이 사용하게 될 거예요.

보통가(지정가)주문이란 가장 많이 쓰이는 주문 유형으로 수량과 가격 두 가지를 모두 투자자가 지정하여 매매하는 주문입니다. 수량은 매매하길 원하는 수량의 한도를 말하며, 지정한 가격은 가격의 한도, 즉 마지노선입니다. 매수·매도 주문 모두 지정한 수량 혹은 그보다 적은 수량만 체결이 됩니다. 그리고 지정한 가격 혹은 그보다 낮은 가격에서만 체결되고, 매도 주문이라면 지정한 가격 혹은 그보다 높은 가격으로만 체결이 됩니다.

시장가 주문은 수량만 지정하고 내는 주문입니다. 가격은 내가 결정하지 않고 시장에서 거래되는 값으로 거래하겠다는 주문이죠. 묻고 따지지 않고, '일단 매수하고 싶어, 혹은 매도하고 싶어'할 때 사용되는 주문 유형입니다. 시장가 주문은 체결 자체가 목적이기 때문에 즉시 매매할 수 있는 가격으로 체결됩니다. 보통가 주문과 다르게 시장가 주문은 시장 가격이 변화해도 주문한 수량만큼 모두 체결이 될 때까지 호가를 따라가며 체결됩니다. 따라서 급등하는 종목을 매수하는 경우 매입 단가가 크게 올라갈 가능성이 있습니다.

두 가지 주문이 결합된 주문 유형도 있습니다. '조건부 지정가 주문'입니다. 정규장 시간(9:00~15:20) 동안에는 지정가 주문으로 체결되고, 만약 전체 혹은 일부 수량이 내가 원하는 지정가에 체결되지 않으면 종가 결정 시(15시 30분) 미체결 수량이 시장가 주문으로 전환되어 체결되는 주문입니다. 오늘 무조건 매매하고 싶은 종목이 있는데 원하는 가격에 체결될지 안 될지 모호할 때 사용하기 유용한 주문 유형이죠.

이외에도 최유리지정가, 최우선지정가, IOK, FOK 결합 주문 등이 존재합니다. 하지만 자주 쓰이지 않으니 3가지 주문 유형만 명확하게 기억해도 충분합니다.

시간외시장에서 주문하는 방법은 단 한 가지!

정규장이 시작되기 전 혹은 끝난 이후에 주식을 거래할 수 있는 시장을 시간외시장이라고 부른다고 했죠? 시간외시장 에서는 시간외주문이라는 한 가지 유형의 주문만 가능합니 다. 장전 시간외 거래는 8시 30분~8시 40분까지 10분 동안 만 가능합니다. 이때 가격은 전일 종가로 고정되며 수량만 지정할 수 있는 '장전시간외 주문'민 가능합니다. 장전 시간 외 주문은 보통 8시 20분부터 접수 받으며 8시 30분부터 실 시간으로 체결됩니다. 한편, 정규장이 종료된 후 15시 30분 ~16시까지 30분 동안 장후 시간외거래가 가능하며 마찬가지 로 수량만 지정하여 당일 종가로 매매할 수 있습니다. 주문 은 실시간으로 체결됩니다.

장후 시간외거래가 끝난 이후에는 16:00~18:00까지 120 분 동안 시간외 단일가 매매가 시작됩니다. 시간외 단일가(시 간외 지정가) 주문을 통해서만 매매할 수 있으며 접수된 주문 은 실시간이 아니라 16시 10분부터 10분 간격으로 총 12회 매매가 체결됩니다. 단일가 주문이기 때문에 매매 수량과 가 격을 모두 지정해야 해요. 가격은 당일 종가 기준으로 가격 제한폭 ±10% 이내에서만 주문이 가능하며 시간외 거래는 다음날 기준 가격에 영향을 주지 않습니다.

한편, 주식시장에도 휴장일이 있습니다. 대형마트도 공휴 일에는 문을 열지 않고 휴점하는 것처럼 말이죠. 설날이나

정규시장과 시간외시장의 거래 시간 및 주문 유형

구분	장전 시간외 시장	정규장	장후 시간외 시장	시간외단일가 시장
주문 시간	8:20~8:40	8:30~15:20	15:30~16:00	16:00~18:00
체결 시간	8:30~8:40	9:00~15:30	15:30~16:00	14:10부터 10분 간격으로 12번
		실시간 체결		
주문 유형	장전 시간외	지정가, 시장가 등 다양함	장후 시간외	시간외단일가

추석 등 공휴일, 연말 등이 대표적인 국내 증시 휴장일입니다. 휴장일에는 당연히 주식을 매매할 수 없고, 결제도 이루어지지 않습니다. 한편, 식당이 사정이 있으면 단축 운영하는 것처럼 수학능력시험이 있는 날과 같은 특정일에는 주식시장도 단축 운영되곤 합니다. 주식시장의 휴장일이나 단축 운영일을 잘 모른다고 너무 걱정하지 마세요. 모든 증권사의 MTS 증시 캘린더에서 확인할 수 있으니까요. MTS 앱을 열어 올해 국내 주식시장의 휴장일을 살펴볼까요? 다이어리나 달력이 있다면 증시 휴장일을 미리 체크해주세요.

결제는 이틀 뒤에! 주문 체결일과 결제일은 달라요

주식매매 시 알아둘 것! 주문 체결일과 결제일이 다릅니다. 잘 모르면 주식을 매도했는데 왜 계좌에 돈이 없지? 하고 놀랄 수 있으니 잘 기억해주세요. 주식 매수 주문이 체결되면 MTS 계좌잔고에서 매수한 종목과 금액을 즉시 확인할 수 있습니다. 그래서 '주문이 체결되었구나' 알 수 있죠. 하지만 계좌에서 돈이 바로 출금되지는 않습니다. 반대로 매도 주문이 체결되어 더 이상 잔고에서 주식이 보이지 않더라도 매도한 돈을 바로 인출할 수 있는 것은 아닙니다.

주식 결제는 영업일 기준 T(거래일)+2일이 소요됩니다. 쉽게 생각해서 월요일에 주식을 매도했다면 수요일에 돈을 인출할 수 있다는 뜻입니다(월~수요일 모두 영업일일 때). 즉, 주문 체결일과 결제일에 시차가 존재하는 거죠. 저 역시 주식투자를 시작한 지 얼마 되지 않았을 때 체결일 ≠ 결제일인 것을 몰라 당황했던 적이 있습니다. 주식을 매수한 다음날 갑자기 돈이 필요한 일이 생겨서 계좌에서 일부를 인출하는 바람에 결제일에 미수가 발생한다는 알림 문자를 받게 되었습니다. 쉽게 말해서 '주식을 사고 이틀 뒤에 결제할게요~' 해놓고 계좌에 돈을 넣어 놓지 않은 것이죠. 물론 부족한 금액만큼 바로 입금하여 문제는 해결되었습니다. 하지만 만약 입금할 돈이 없었더라면 반대매매*로 손실을 볼 수 있었어요. 주문 체결일과 결제일이 다름을 미리 알아두고 부디 제가 한 실수를 똑같이 하지 않기를 바랍니다.

* 증권사가 고객의 의사와 관계없이 주식을 강제로 매도하는 시스템

호가창은 반드시 알고 가세요

'부르는 게 값이다'라는 말, 들어보셨죠? '호가_{asking price}', 내가 매매하길 원해서 일단 불러보는 값입니다. 같은 주식이라도 사람마다 매매하길 원하는 값은 다를 수 있습니다. 마치 같은 중고물품을 파는 사람들이 매매하고자 하는 값이 각각 다른 것처럼 말이죠. 일단 값을 불러보는 것은 자유지만 매매는 시장에서 거래하는 평균값에서 체결될 것입니다. 지금 거래되고 있는 현재 가격을 기준으로 매수 호가와 매도 호가를 보여주는 곳이 '호가창'입니다. 각각 10개의 매수 호가와 매도 호가를 보여주는 경우 10단 호가라고 부릅니다. 호가창의 전일비, 등락률 등 다양한 정보가 '기준가'를 기준으로 표시되어 있습니다. 그렇다면 기준가는 무엇일까요? 호가창에 있는 다양한 가격들을 정리해둡시다.

>> **시가(시초가)** : 정규장이 시작하는 9시 처음 거래된 가격

>> **현재가** : 현재 시점 시장에서 거래되는 가격

>> **종가** : 정규장이 마감될 때 최종적으로 거래된 가격

>> **기준가** : 전일 종가(가격제한폭의 기준)

>> **고가(최고가)** : 장중에 가장 높게 거래된 가격

>> **저가(최저가)** : 장중에 가장 낮게 거래된 가격

>> **상한가** : 장중 상승할 수 있는 최고 가격(기준가 대비 +30%)

>> **하한가** : 장중 하락할 수 있는 최저 가격(기준가 대비 -30%)

주식 차트,
꼭 봐야 할까?

초보가 하는 실수, 차트의 유혹을 조심하세요

주식투자를 마음먹고 나면 가장 쉽게 접하는 것이 나열된 빨간색 봉, 파란색 봉입니다. 대개 '주식투자' 하면 머릿속에 가장 먼저 떠오르는 이미지가 바로 주식 차트이지, 앞장에서 봤던 실물 주식증서가 아닐 거예요. 이렇듯 주식에 대해 제대로 알기 이전에 뉴스 등을 통해 간접적으로 접한 주식의 인상 때문인지 "주식 공부해볼까?"라고 말한 뒤 주식투자가 아니라 주식 차트를 공부하는 실수를 범하는 초보 투자자가 많습니다.

아마 주식투자를 시작하는 개인 대다수가 차트의 유혹을 경험할 것입니다. 저도 처음 투자를 시작할 땐 워런 버핏과 같이 복리의 마법을 누리는 현명한 투자자가 되겠노라 다짐

했습니다. 하지만 주식투자에 몰입하기 시작하면서 하루의 절반 이상을 할애해 주식 차트를 보게 되었고, 주식 차트를 보는 시간이 늘어날수록 봉차트의 나열 속에서 공식이나 규칙을 찾으려 노력했습니다. 투자 구루들의 명언과 조언을 숙지하고 있었음에도 불구하고 결국 차트의 유혹에 넘어가고 말았죠. 주식투자의 본질에서 한참 벗어나서 기업이 아닌 차트를 보고 매매를 하는 실수도 범했습니다. 그야말로 '주객전도' 상황이었어요. 그러고는 단 며칠이라는 짧은 기간 동안 그간 열심히 벌었던 소중한 돈을 잃는 아픈 경험을 했습니다. 매를 맞고서야 잘못이 무엇인지 깨달았죠.

이 책을 읽는 분들이 저와 같은 실수를 하지 않길 간절히 바랍니다. 주식 차트는 제게 그랬던 것처럼 여러분에게도 아주 매력적으로 느껴질 것입니다. 더 빠르게 부자로 만들어주겠다며 유혹할 거예요. 하지만 차트는 주식시장에서 부수적으로 탄생한 기록입니다. 차트 후행 지표로 정규 거래가 끝나야 완성됩니다. 주식을 사고파는 사람들의 거래 발자국 같은 것이죠. 그래서 주식시장이 열리는 9시부터 실시간으로 매매 현황을 모니터링하지 않은 사람도 차트를 보면 오늘 하루 시장의 분위기가 어땠는지 알 수 있습니다. 우리는 차트를 이해하기 위해 꼭 필요한 내용만 살펴볼 거예요. 준비됐나요? 그러면 이제 본격적으로 차트에 대해 알아보겠습니다.

차트를 보기 전에: 빨간색 양봉과 파란색 음봉

주식 차트는 주식의 매매 정보를 보여줍니다. 캔들, 바, 라인 등 다양한 유형의 차트가 존재하지만 가장 대표적인 주식 차트는 캔들차트(봉차트)입니다. 서양의 양초와 동양의 봉(막대)과 비슷하다 하여 캔들차트라고 부릅니다. 주식 차트는 시간에 따라 캔들이 나열되어 만들어지며, 시간에 따른 주식 가격의 변화를 가장 직관적으로 보여줍니다.

하나의 캔들은 크게 몸통과 꼬리로 구성되어 있습니다. 몸통은 시가와 종가를 나타내며 당일 시가와 당일 종가에 따라 캔들의 색이 결정됩니다. 당일 종가가 시가보다 높으면 빨간색으로 표시되고 '양봉'으로 불립니다. 반대로 당일 종가가 시가보다 낮으면 파란색으로 표시되고 '음봉'으로 불립니다. 한편 당일 종가가 시가와 같거나 비슷할 때는 얇은 십자가 형태로 표시되며 십자형 캔들 혹은 도지 캔들으로 불립니다.

하나의 캔들은 총 4가지 가격 정보를 담고 있습니다. 몸통의 각 끝부분이 시가와 종가가 되고, 캔들의 형태나 색과 관계없이 캔들의 맨 윗부분이 고가, 맨 아랫부분이 저가입니다. 증권사 MTS 앱을 켜서 주식 차트를 처음 볼 때 기본 차트 화면에서 하나의 캔들이 나타내는 시간이 하루이고, '일봉'으로 불립니다. 하나의 캔들이 나타내는 시간의 단위는 투자자의 편의에 따라 설정할 수 있으며, 시간 기준에 따라서 일봉, 주봉, 월봉 등 서로 다른 이름으로 불립니다. 한 개의

캔들의 구성

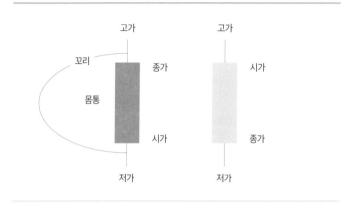

캔들이 1분, 3분, 5분 등 분_分을 나타내면 분봉, 1주를 나타내면 주봉, 1개월을 나타내면 월봉으로 불립니다.

매수세가 만든 지지와 매도세가 만든 저항

차트에는 등락이 있습니다. 주식의 특성상 하루에 하나의 고정된 가격이 아닌 호가로 거래되기 때문입니다. 그래서 같은 날에 같은 기업의 주식을 똑같이 사더라도 나와 친구가 매수한 가격이 다를 수 있습니다. 차트는 거래가 남긴 발자국이니 거래 가격의 변동은 차트의 등락으로 표현됩니다. 그 결과 연속되는 캔들 모양이 상승과 하락을 반복하며 출렁이는 물결 모양으로 움직이는 것처럼 보이게 되는 것이죠.

우리는 차트를 통해 '저항'과 '지지'라는 2가지 기술적 정보를 확인할 수 있습니다. '저항'은 주가가 일정 가격 이상으로 상승하면 매도자가 나타나서 가격이 더 상승하지 못하는 구간을 말합니다. 반대로 '지지'는 가격이 일정 수준으로 하락하면 매수자가 나타나서 하락이 저지되는 가격대를 의미합니다. 지속적으로 하락하던 가격이 매수세의 힘을 입어 하락을 멈추고 지지되는 부근이죠. 저항과 지지를 알면 단기적 분위기를 유추할 수 있습니다.

저항과 지지는 차트의 다양한 곳에서 나타납니다. 저항과 지지가 나타나는 대표적인 구간은 갭$_{gap}$이 존재하는 가격대 혹은 라운드 피겨$_{Round Figure}$ 부근입니다. 갭은 주가가 전일 대비 급등하거나 급락하여 전일 종가와 당일 시초가 사이에 끊어진 것처럼 빈 공간이 생기는 것을 말합니다. 역으로 생각해보면 빈 공간은 해당 가격대에서 매매가 없었다는 사실을 의미하는 것이죠. 전일 종가보다 상승하여 생긴 갭을 상승갭, 전일 종가보다 하락하여 생긴 갭을 하락갭이라고 부릅니다. 상승갭이 존재하는 가격대에서는 지지가, 하락갭 부근에서는 저항이 등장합니다.

한편, 라운드피겨는 '0'을 기준으로 '딱 떨어지는 가격대'를 의미합니다. 우리는 11,250원보다는 11,500원에, 11,500원보다는 12,000원에 심리적 안정감을 느낍니다. 따라서 0이 많은 가격대에 매수하거나 매도하는 사람이 많아지는 경향이 있고, 라운드피겨 부근에서 지지 혹은 저항이 등장합니다.

지지 혹은 저항이 나타난 가격대의 캔들을 어어 선을 그어 볼까요? 하락하는 차트에서 저항이 존재하는 가격대를 연결한 것을 '저항선', 상승하는 차트에서 지지가 존재하는 가격대를 연결한 것을 '지지선'이라고 부릅니다. 이를 통해 주가의 지속적인 추세를 확인할 수 있습니다. 지지선과 저항선을 합쳐 '추세선'이라 부르죠. 추세란 일정 방향으로 뻗어 나가는 힘을 말합니다.

주가가 상승 추세에 있다면 매도세보다 매수세가 강하기 때문에 자연스럽게 지지가 나타나는 가격이 A→B→C와 같이 점차 상승합니다. 그래서 이미지처럼 상승하는 '상승추세선'이 그려집니다. 반대로 주가가 하락 추세라면 매도세가 강하여 저항이 등장하는 가격대는 a→b→c로 계속 낮아집니다. 하락하는 차트의 고점을 이은 것을 '하향추세선'이라 부릅니다.

상승추세선과 하향추세선

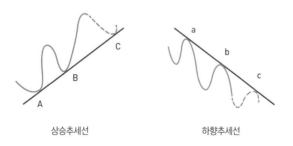

상승추세선   하향추세선

저항과 지지가 자주 등장하는 가격대에 대해 정리를 해보았는데요, 항상 모든 상황에 적용되는 공식은 아닙니다. 상황에 따라 갭이나 라운드 피겨 부근에서 저항과 지지가 나타나지 않을 수도 있습니다. 잊지 마세요. 주가는 아주 단순한 원리에 의해 움직입니다. 매수하려는 사람이 많으면 상승하고, 매도하려는 사람이 많으면 하락합니다.

섹터와 성격 알면
사야 할 주식이 보인다

종목 선정은 섹터에서 시작하자

워런 버핏처럼 개별 종목을 선별하는 방식으로 투자 대상
을 찾아볼까요? 2,000개가 넘는 국내 기업 중에서 단 하나의
기업을 선택하여 투자를 한다고 가정합시다. 어디서부터, 어
떻게 시작하는 것이 좋을까요? 저는 '섹터*에서부터 시작하
라'고 조언하고 싶습니다.

자, 우리가 망망대해 한가운데 떠 있는 배라고 가정해봅
시다. 사방의 풍경이 모두 똑같아 보일 거예요. 막막해도 일
단 목적지를 향해 직진! 앞으로 항해해보는 것도 방법이 될
수 있습니다. 하지만 나침반을 보고 동서남북 방향을 확인하

* 업종별로 기업을 분류해놓은 것

고 항해하면 좀 더 효율적으로, 시간과 비용을 절약해 빠르게 목적지에 도달하지 않을까요? 이와 마찬가지로 시장 분위기와 돈의 흐름을 파악해 전체 섹터의 움직임을 파악하면 성공적인 투자를 하게 될 확률이 높아집니다. 주식시장에 돈이 흘러들어올 때, 그 돈이 모든 섹터에 골고루 사이좋게 들어오는 것은 아닙니다. 돈이 들어오는 섹터가 있고 반대로 돈이 나가거나 들어오지 않는 섹터도 있죠.

주식투자에 뛰어든 사람들이 가장 견디기 힘들어하는 일 중 하나가 '시장이 상승해 남들은 다 돈을 버는 것 같은데 나 혼자만 돈을 벌지 못하는 상황'입니다. 전체 섹터의 움직임을 통해 돈의 흐름을 파악하고 주도주*에 투자한다면 성공적인 시장이 상승할 때 수익을 낼 확률이 높아집니다. 섹터별 흐름은 중요하기 때문에 증시 뉴스에서도 11개의 업종별 지수의 등락 정보를 매일 제공합니다. 그러면 저와 함께 11개의 섹터와 그 특징에 대해서 정리해볼까요?

모든 주식은 11개로 분류된다

기업을 섹터별로 분류할 때 전 세계적으로 가장 많이 쓰이는 기준은 글로벌산업분류기준GICS입니다. 글로벌 지수를 산출하는 스탠더드앤푸어스S&P와 모건스탠리캐피털인터네셔널

---

* 증시의 상승을 이끌어가는 주식

글로벌산업분류기준GICS

```
              GICS
           11SECTORS
       24 INDUSTRY GROUPS
         64 INDUSTRIES
      157 SUB-INDUSTRIES
```

출처 : msci.com

MSCI이 1999년 공동으로 개발한 산업 분류 체계입니다. 말 그대로 전 세계적으로 통용되는 산업 분류 체계로, 미국도 우리나라도 GICS 기준을 따르고 있습니다.

그러니까 우리가 11개의 섹터를 정리해두면 국내 주식투자와 미국 주식투자에 써먹을 수 있다는 거예요! 게다가 GICS는 우리나라를 비롯하여 전 세계 기관들이 투자 분석을 할 때, 투자 포트폴리오를 구성하고 자산관리를 하는 데 사용하고 있습니다. 그러니 꼭 알아두어야겠죠?

GICS에 따르면 주식시장의 상장기업은 11개의 섹터와 24개의 산업그룹, 69개의 산업, 그리고 158개의 하부산업으로 분류됩니다. '섹터'란 다양한 기업을 산업별로 분류한, 일종의 단위입니다. 섹터의 하위 그룹으로 갈수록 좀 더 세부적

GICS 산업 분류

경제섹터	산업군	경제섹터	산업군
에너지	에너지	건강관리	건강관리서비스 및 장비
소재	소재		제약 및 생명과학
산업재	자본재	금융	은행
	상업전문서비스		다각화된 금융
	운송		보험
자유 소비재	자동차 및 부품	정보기술	소프트웨어 및 IT장비
	내구소비재 및 의류		하드웨어 및 IT장비
	소비자서비스		반도체 및 반도체장비
	소매	커뮤니케이션 서비스	통신서비스
필수 소비재	음식료소매		미디어 및 엔터테인먼트
	음식료담배	유틸리티	유틸리티
	가정 및 개인용품	부동산	부동산

출처: 한국거래소

인 분류가 이루어집니다.

거래소에서 딱 한 번만이라도 산업그룹(24개), 산업(69개), 하부산업(158개)를 살펴보세요. 우리 사회 곳곳을 구성하고 있는 분야에 대해서 알 수 있어 투자의 기회를 찾을 수도 있고, 기업의 사업을 이해하는 데 도움이 됩니다.

너무 많아 머리가 아픈가요? 전부 기억하지 않아도 됩니다. 단, 우리가 공부할 가장 큰 구분 단위인 11개의 섹터는 꼭 기억해주세요. 에너지, 소재, 산업재, 자유소비재 필수소

국내 시장 섹터별 시가총액 비중(2021년 4월 18일 기준) 단위: 조원(%)

- 에너지 42.8(1.6)
- 소재 257.2(9.7)
- 산업재 285.9(10.8)
- 자유소비재 285.2(10.8)
- 필수소비재 129.7(4.9)
- 헬스케어 285(10.8)
- 금융 169.4(6.4)
- 정보기술 908.1(34.4)
- 커뮤니케이션 서비스 247.5(9.3)
- 유틸리티 22.8(0.9)
- 부동산 8(0.4)

출처: 한국거래소

비재, 헬스케어, 금융, 정보기술, 커뮤니케이션 서비스, 유틸리티, 리츠(부동산) 11개의 섹터를 대표 기업 위주로 정리해봅시다.

❶ 정보기술IT, Information service

국내 주식시장에서 가장 대표적인 섹터는 정보기술IT 섹터입니다. 소프트웨어와 하드웨어, 반도체 관련 기업들이 속해있는 섹터로, 시장의 약 34.4%를 차지하고 있습니다. 우리나라 부동의 1등 기업 삼성전자를 포함하여 SK하이닉스, 삼성SDI, LG이노텍과 같은 기업들이 속해있습니다.

❷ 헬스케어 Health care

헬스케어 섹터는 건강관리 서비스와 의료기기, 제약, 바이오(생명공학) 및 생명과학과 관련된 기업들이 속해있는 섹터입니다. 정보기술 섹터 다음으로 큰 섹터로 국내 시장의 약 10.8%를 차지합니다. 신약을 개발하고, 제네릭*을 제조하고 판매하거나, 병원에 납품하는 의료기기를 제조하는 회사들이 포함되어 있습니다. 헬스케어는 인간의 건강에 관련된 분야로 경기 변동에 큰 영향을 받지 않는 분야입니다. 다만, 생명을 다루는 제약이나 보험 관련 기업은 법률·정치의 영향을 많이 받고 국내 바이오 기업은 관련 정책과 임상 결과에 의해 주가가 크게 변동합니다. 대표 기업으로는 바이오 의약품 위탁생산 기업인 삼성바이오로직스, 항체 바이오시밀러 기업인 셀트리온, 코로나19 펜데믹 속에서 상장과 동시에 주목을 받았던 SK바이오팜 등이 있습니다.

❸ 커뮤니케이션 서비스 Communication service

커뮤니케이션 서비스 섹터는 통신 서비스, 미디어 및 엔터테인먼트 기업으로 구성되어 있습니다. 2018년 9월에 신설된 섹터로 시장의 9.3%를 차지하고 있습니다. 카카오, 네이버 등 플랫폼 기업, SK텔레콤, KT 등 5G와 관련된 통신 서비스

---

* 복제약. 이미 출시된 약의 동일성분으로 생산하는 약

나는 한국 반 미국 반 투자한다

기업, 엔씨소프트, 넷마블 등 게임 기업, 빅히트, JYP Ent 등 엔터테인먼트 기업이 이곳에 포함되어 있습니다.

❹ 자유소비재 Consumer Discretionary

자동차, 화장품, 레저와 같이 생존에 필수적이지 않지만 쾌적한 삶을 위해 필요한 상품 및 서비스를 제공하는 기업이 속한 섹터로, 국내 시장의 약 10.8%를 차지합니다. 경기 변동에 민감하게 반응하는 경향이 있어 경기소비재로도 불립니다. 자동차와 그 구성부품, 가정용품, 가구, 의류, 호텔 및 레스토랑 등 소비자 서비스와 소매 산업과 관련된 기업들이 속해있습니다. 우리나라를 대표하는 완성차 업체인 현대차, 백색가전으로 유명한 LG전자, 면세유통 사업과 호텔을 운영하는 호텔신라 등이 자유소비재 섹터의 대표적인 기업입니다.

❺ 필수소비재 Comsumer Staples

음식료와 생필품 등 우리가 생활하는 데 필수적인 상품 및 서비스를 제공하는 기업들이 속한 섹터입니다. 담배나 가정용품 등 경기 변동과 무관하게 소비되는 상품 및 서비스를 제공하는 기업이 속해있으며, 국내 시장의 약 4.9%를 차지합니다. 기업 규모가 크고 우리에게 익숙한 기업들이 많이 있으며, 성장성이 높지 않지만 현금 흐름이 꾸준히 발생하여 안정적으로 배당을 지급하는 기업들이 다수 포함되어 있는 것이 특징입니다. 화장품·생활용품·음료 등을 제조·판매하는 LG생활건강, 국내 대표 화장품 업체 아모레퍼시픽, 비비고 만두로 유명한 식품 기업 CJ제일제당, 담배 및 인삼 제조·판매 기업 KT&G, 3분 카레로 유명한 종합식료품 기업 오뚜기 등이 있습니다.

⑥ 금융 Financials

은행, 보험, 증권 등 금융 서비스를 제공하는 기업들이 포함된 섹터입니다. 금융 섹터는 시장의 약 6.4%를 차지하고 있으며, 경기 변동이나 시장금리에 큰 영향을 받습니다. 기업은 외국인 투자자 비중이 높고, 배당성향이 높은 기업들이 많은 것이 특징입니다. 필수소비재와 마찬가지로 익숙한 기업들이 많으며 KB금융, 신한지주, 삼성생명, 하나금융지주, 미래에셋대우 등이 대표적인 금융 섹터 기업입니다.

⑦ 산업재 Industrials

다른 제품을 생산하는 데 사용되는 공장 기계 장비, 다른 제품을 운송하는 항공 및 해운 기업 등이 포함된 섹터입니다. 소비재 섹터와 다르게 제품이나 서비스를 생산하여 기업에 제공하는 기업들이 산업재 섹터에 속합니다. 경기 변동에 민감하게 반응하며, 시장에서 약 10.8%를 차지하고 있습니다. 산업재 섹터의 대표 기업으로는 레미안 아파트로 유명한 삼성물산, 국내 대표 대기업인 SK와 LG, 종합물류 기업인 현대글로비스, 건설장비를 제조하는 두산중공업, 우리나라 국적 항공사인 대한항공 등이 있습니다.

⑧ 소재 Material

원자재를 가공하여 소재를 만드는 기업들이 속한 섹터로, 전체 시장의 9.7%를 차지합니다. 금, 강철, 알루미늄 등 금속, 종이, 펄프, 건축 자재, 포장재, 석유화학 제품, 특수 화학제품 등을 생산하는 기업들로 구성됩니다. 예를 들어 펄프를 가공하여 종이를 만드는 기업, 철이나 구리와 같은 금속을 가공하여 산업 소재를 만드는 기업 포함되는데요, 따라서 소재 섹터는 원자재 가격 동향이나 환율 변동에 민감하게 반응합니다. 글로벌 2차전지 선도 기업 LG화학, 국내 1위 철강회사 POSCO, 석유화학 기업 롯데케미칼, 최근 태양광에너지, 수소 사업으로 유명한 한화솔루션 등이 소재 섹터에 속하는 대표적인 기업입니다.

⑨ 에너지 Energy

석유, 가스 등 에너지와 관련된 섹터로 국내 시장의 약 1.6%를 차지합니다. 석유와 가스 탐사 및 생산부터 시추, 정제, 운송을 아우르는 기업들이 포함됩니다. 에너지 섹터는 경기 변동과 국제 유가에 민감하게 반응합니다. 또한 국제

원유는 달러로 거래되기 때문에 에너지 섹터는 환율 변동에 도 민감합니다. 석유 기업에서 2차 전지회사 제조 기업으로 더 유명해진 SK이노베이션, 노란색 주유소로 익숙한 정유 기 업 S-Oil, LPG 전문 기업 SK가스, E1 등이 에너지 섹터의 대표적인 기업입니다.

❿ 유틸리티 Utilities

전기, 가스, 수도 등 인프라와 관련된 기업들이 속한 섹터 입니다. 국내 시장의 0.9%를 차지합니다. 전기와 가스, 수도 등 경기와 무관하게 꾸준히 안정적인 수요가 존재하는 인프 라 관련 기업들이 속한 섹터입니다. 주가 변동 폭이 크지 않 고, 무겁게 움직이는 경향이 있습니다. 유틸리티 섹터는 전 체 시장의 약 1%를 차지하며 한국전력, 한국가스공사, 지역 난방공사 등 공기업이 유틸리티 섹터의 대표적인 기업에 해 당합니다.

⓫ 부동산 Real estate

호텔 리츠, 소매점 리츠 등 리츠REITs*와 부동산 관리 및 개 발 등 부동산 사업과 관련된 기업이 속한 섹터입니다. 아직

---

* 다수의 투자자로부터 투자금을 모아 부동산에 투자하고, 부동산 운용 혹은 매각을 통해 발생 한 수익을 투자자에게 지급하는 것을 목적으로 운영되는 부동산투자신탁회사

나는 한국 반 미국 반 투자한다

은 그 역사가 짧아 전체 시장의 약 0.4%를 차지합니다. 부동산 섹터 중에서도 리츠는 부동산투자회사법에 따라 이익의 90%를 의무적으로 배당해야 하기 때문에 고배당주로 분류되는 것이 특징입니다. 롯데리츠, SK디엔디, 한국토지신탁, 신한알파리츠 등이 부동산 섹터의 대표 기업입니다.

섹터는 시대의 변화를 반영한다

11개의 섹터와 대표 기업에 대해 정리해보았는데요, 각 섹터를 대표하는 시가총액 상위 기업들은 꼭 기억하고, 주가의 동향을 주의 깊게 살펴볼 필요가 있습니다. 대표 기업이 섹터 전체에 미치는 영향이 크기 때문입니다. 가령 네이버와 카카오, 엔씨소프트의 주가 흐름을 통해 커뮤니케이션 섹터 전체의 분위기를 확인할 수 있습니다.

그리고 대표 기업의 주가 동향을 살펴 새로운 투자 기회를 발견할 수 있습니다. 가령 삼성전자의 주가가 상승하면 중소형주에 속하는 반도체 기업의 주가도 함께 올라 반도체 섹터 전체가 상승하는 결과가 나오게 됩니다. 삼성전자에 부품이나 장비를 납품하는 회사의 실적 증가로도 이어지기 때문입니다. 중소형주의 주가는 대형주보다 큰 폭으로 상승하는 편입니다. 따라서 대표 기업의 주가 동향을 살펴보고 관련된 중소형주에 투자하는 것도 중요한 투자 방법 중 하나입니다.

그런데 섹터의 기준은 시대와 산업의 변화에 맞추어 꾸준히 개편된다는 사실도 잊지 마세요. 또한 섹터의 규모와 시장에 미치는 영향력도 바뀌게 됩니다. 예를 들어 2018년 말에 GICS 분류 기준이 개편되고 전기통신 서비스Telecommunication Services가 커뮤니케이션 서비스Communication Services로 섹터 이름이 바뀌면서 전기통신, 전통 미디어, 인터넷 미디어, 인터넷 검색 업체, 콘텐츠 업체를 포괄하는 거대한 섹터로 바뀌었습니다.

이렇게 바뀐 기준에 따리 몇몇 기업들은 자신의 자리를 찾아 새로운 섹터로 이동했죠. 네이버, 카카오, 엔씨소프트 같은 기업이 정보기술 섹터에서 커뮤니케이션 서비스 섹터로 이동했고, 국내 미디어 대표 기업인 CJ E&M과 제일기획도 경기소비재 섹터에서 커뮤니케이션 섹터로 이동했습니다.

그런데 정보기술 및 경기소비재에 속했던 대형 기업들이 커뮤니케이션 섹터로 이동하게 되면서 정보기술, 경기소비재 섹터의 비중이 소폭 감소했고 반대로 커뮤니케이션 섹터의 비중은 증가했습니다. 그 결과 국내 주식시장 전체에서 각 섹터가 차지하는 비중이 달라졌고, 당연히 글로벌 기관 투자자들이 참고하는 MSCI Korea 지수에서 섹터의 비중이 변했습니다. 증시에 미치는 섹터별 영향력이 달라진 것이죠.

주식에도 MBTI가 있다: 개별주 성격과 특징

섹터 이외에 주식을 분류하는 방법이 또 있습니다. 'MBTI'는 사람의 성격을 유형별로 분류한 것이죠. 각각의 개별 주식도 그 성격이나 특징에 따라 분류될 수 있습니다. 다음 용어들은 경제 뉴스에도 자주 등장하기 때문에 쉽게 정리하고 넘어갈 필요가 있습니다.

❶ 기업의 규모에 따라: 대형주, 중형주, 소형주

기업의 크기에 따라 주식은 대형주, 중형주, 소형주로 나눕니다. 보통주 기준으로 시가총액 1~100위 종목은 대형주, 시가총액 101~200위 종목은 중형주, 시가총액 201위 이하 나머지 종목은 소형주로 분류됩니다. 통상적으로 대형주는 거래량이 충분해 언제든지 사고팔 수 있어 외국인과 기관이 선호하며 시가총액이 크기 때문에 코스피에 미치는 영향력도 큽니다.

❷ 기업의 성격에 따라: 가치주와 성장주

가치주는 기업의 내재가치 대비 저평가되어 있는 주식을 말합니다. 시장에서 소외되어 내재가치보다 저렴하게 거래되는 주식이에요. 혹은 유틸리티, 식음료 등 전통산업에 속하는, 탄탄한 재무구조와 비지니스 모델을 갖고 있는 기업의 주식을 말하기도 합니다. 반면 성장주는 매출, 이익 등이 매년 지속적인 증가세에 있는, 미래 성장 가능성이 높은 기업을 말합니다. 바이오, 전기차 등 미래 산업과 관련 있는 기업들이 대표적인 성장주입니다. 투자자의 기대감이 이미 주가에 반영되어 고평가된 경우가 많고, 경기 하락 시 주가가 크게 하락할 위험이 있습니다.

❸ **경기 변동에 따라: 경기민감주와 경기방어주**

에너지·소재·산업재 섹터에 속한 기업이나 제조기업 등 경기 변동에 민감하게 반응하는 기업을 경기민감주라고 부릅니다. 현대차, 삼성전자가 내표적인 경기민감주입니다. 한편, 필수소비재에 속하는 음식료 기업이나 전기·가스 등 유틸리티 업종에 속하는 기업은 경기 상황에 둔감하게 반응한다고 하여 경기방어주로 불립니다.

❹ **그 외**

- 주도주: 시장의 상승을 선도하는 주식을 의미합니다. 주도주는 고평가 우려를 안고 예상보다 더 상승하는 것이 특징입니다. 소위 '주식 시장의 인싸 주식'으로 생각하면 됩니다.
- 우량주: 경영 내용과 수익 측면에서 높은 평가를 받으며 해당 업계에서 높은 시장 점유율과 브랜드를 갖고 있는 기업의 주식을 말합니다. 따라서 우량주는 대개 대형주에 속해있습니다.
- 고배당주: 배당금을 지급하는 기업의 주식을 배당주라고 부르며, 그중에서도 배당수익률이 높은 배당주를 고

배당주라고 합니다. 배당주는 상대적으로 주가 변동성이 낮고, 특히 연말에 배당금 시즌이 다가오면 주가가 상승하는 것이 특징입니다.

- 테마주: 기업의 내재가치가 아니라 정치·사회 이슈 등 특정한 이벤트에 따라 움직이는 주식을 말합니다. 대표적인 예로 당선 가능성이 높은 대통령 선거 후보자와 관련이 있거나, 관련이 있다는 풍문이 도는 기업의 주가가 급등하는 대선 테마주, 비트코인 가격이 상승할 때 주가가 급등하는 가상화폐 테마주 등이 있습니다.

- 급등주: 말 그대로 단기간에 빠르게 상승하는 주식을 의미합니다. 실적 서프라이즈, 인수합병 등의 이유로 급등하는 경우도 있습니다. 대개 재무 건전성, 경영 내용 등은 묻고 따지지도 않고 오직 테마에 의해 움직이는 주식이 많습니다. 시장의 유동성이나 기업의 실적이 받쳐주지 않은 채로 단기간에 빠르게 상승한 기업은 결국 빠르게 급락하여 큰 투자 손실로 연결될 위험이 있습니다.

주식투자의 3단계 :
호감, 썸에서
연애까지

주식 초보에겐 분산투자만이 정답이라는 착각

잠깐! 관심 있는 섹터에서 투자하고 싶은 기업을 찾으러 나서기 전에 상황을 정리해볼까요? 투자를 실행하는 데 있어 개인이 직접투자하는 방법도 있지만 펀드 매니저가 운용하는 펀드를 통해 간접투자를 할 수도 있습니다. 그런데 우리는 굳이 직접투자하는 방법을 선택했죠. 그렇다면 적어도 개인 투자자인 내가 펀드 매니저 같은 기관 투자자보다 유리한 점은 무엇인지 잘 알고 활용할 필요가 있지 않을까요?

펀드 매니저와 비교할 때 개인 투자자가 가지는 이점은 '운용할 때 제약이 적다'는 것입니다. 가령 개인들은 펀드 매니저처럼 '포트폴리오에서 주식 비중을 70% 이하로 유지해야 한다', '특정 종목을 10% 이상 보유할 수 없다' 같은 제약을

받지 않습니다. 게다가 월별 또는 분기별 투자 실적을 보고
하며 고과 평가 점수 때문에 고민할 필요도 없습니다. 그래
서 주식시장에서 개인 투자자의 최대 무기는 '시간'이라고 할
수도 있죠.

생업이 있는 개인 투자자라면 자신이 가장 잘 아는 1~2개
의 소수 종목에 집중투자하는 것이 가장 현실적인 개별주 투
자 방법입니다. 물론 누군가는 분산투자를 해야 위험이 줄어
들지 않느냐며 반문할 수 있습니다. 맞는 말입니다. 전문적
인 자산관리를 업으로 하는 운용사라면 하루 종일 하는 일이
투자이기 때문에 여러 자산군을 분석해 분산투자하는 것이
가능합니다. 하지만 다른 생업이 있는 직장인 개인 투자자가
주식투자를 할 때는 현실적인 어려움에 부딪히게 됩니다. 직
장인 특히 비금융권 종사자가 퇴근 후 여가 시간에 여러 기업
을 분석해 펀드 매니저처럼 10개 이상으로 구성된 포트폴리
오를 꾸리고, 이를 지속적으로 관리하는 일은 사실상 불가능
합니다.

물론 소수 개별주에 집중투자할 때는 리스크가 존재합니
다. 그래서 똘똘한 한 채를 찾아 부동산 투자하듯 신중하게
1~2개의 종목에 집중투자한다는 전제가 있어야 합니다. 버
핏은 "첩이 40명이면, 단 한 명도 제대로 알지 못할 것"이라
고 말하기도 했죠. 투자의 위험은 자신이 무엇을 하는지 모
르는 데서 옵니다. 잘 알지도 못하는 곳에 분산투자하는 것

이 더 위험합니다. 버핏은 버크셔 해서웨이 포트폴리오의 약 40%를 애플에 집중투자하고 있습니다.

정리하면, 만약 개인이 스스로 투자 결정을 내리고 계좌를 관리한다면 개별 기업에 투자하는 경우 기업 한두 곳에 집중해 투자하는 것이 가장 현실적이고 현명한 방법입니다. 또는 ETF(상장지수펀드)를 통해 분산투자할 수 있습니다. ETF에 관해서는 미국 주식투지를 실명할 때 자세히 소개할게요.

첫눈에 반해 쉽게 결정하지 마세요

누군가를 처음 보자마자 '저 사람은 내 영혼의 동반자니 평생을 죽도록 사랑할 거야' 느끼는 경우는 거의 없습니다. 처음 본 이성과 함께 대화하고, 시간을 보내는 과정 속에서 호감을 느끼게 되고, 더 자주 연락하고 만나 많은 시간을 보내며 단순 호감이 좋아하는 감정으로 발전하죠. 함께 밥을 먹거나 영화를 보고 데이트를 하면서 서로의 마음을 확인하는 시기, 소위 말하는 썸을 타며 행복한 시간을 보냅니다. 그러고 나서 결국엔 더 깊은 관계의 연인으로 발전해 연애를 시작하게 됩니다.

투자할 기업을 고르는 과정도 연애의 과정에 빗대어 생각해볼 수 있습니다. 어떤 사업을 하는 기업인지 알지도 못한 채 이름도 처음 들어보는 기업에 나는 여기에 투자할 거야 생각하는 경우는 드뭅니다. 서로를 제대로 알지 못하고 결혼을 결심하면 후회하고 이혼을 생각하게 될 가능성이 있는 것처럼, 우연한 기회에 뉴스 혹은 지인을 통해 특정 회사를 알게 되어 관심이 생기면 기업에 대한 뉴스나 리포트를 찾아보고, 재무제표를 살펴보는 시간을 반드시 가져야 합니다. 이러한 과정 속에서 기업에 대한 관심은 '투자하고 싶다'라는 감정으로 커지게 됩니다.

좀 더 가까이에서 재무 상태와 경영 상태 등을 면밀하게 알아보고 확인하는 과정을 거치면 진짜 투자를 할지, 좀 아닌 것 같아 투자하지 않을지 결정할 수 있게 됩니다. 좀 더 가까운 사이가 되길 원한다면 더 이상 관심 종목으로만 남겨두지 않고 매수를 해야겠죠? 투자를 고민하는 썸 관계에서 더 나아가 매수 후 주주가 되는 것이죠. 시장 상황과 가격 및 나의 재무 상태를 고려해 매수를 결정하면 내 지분이 투자된 특별한 관계로 발전하게 됩니다. 이러한 관계는 이별하기 전까지 지속될 거예요.

호감 단계에서 나쁜 기업 거르는 법

누가 봐도 잘생기거나 예쁜 사람에게 호감을 느끼기 쉬운 것처럼 누구에게나 유명한 기업이거나 인기가 많은 기업에 많은 투자자들이 호감을 느끼는 것은 당연합니다. 호감이 생긴 기업이 있으면 먼저 가볍게 살펴봅니다. 마치 마음에 드는 이성을 만나면 눈빛 교환을 하는 것처럼 말이죠. 기업을

'네이버 금융'으로 삼성선자 스캔하기

출처: 네이버 금융

스캔할 때 '네이버 금융'을 활용하면 좋습니다. 5가지 정도를
빠르게 확인해주세요.

❶ 기업 개요: 사업을 이해하기 어려운 기업은 피하자

기업 개요 부분을 통해 나의 관심 기업이 어떤 비즈니스를
하는 기업인지 파악해보세요. 어떤 업종에 속하는 기업인지,
재화 혹은 서비스를 판매하는 기업인지 파악합니다. 만약 천
천히 시간을 들여 검색을 해보아도 어떤 비즈니스를 하는 회
사인지 파악하기 어렵다면 조금 더 이해가 잘되는 기업을 찾
아보세요.

❷ 시가총액과 시장: 규모가 너무 작은 회사는 조심하자

관심 기업이 코스피시장에 상장된 기업인지, 코스닥시장

나는 한국 반 미국 반 투자한다

에 상장된 기업인지 그리고 시가총액은 어떤지 살펴봅니다. 초보 투자자라면 상장기업 중에서 규모가 너무 작은 기업, '시가총액이 2,000억 이하'인 기업은 투자를 피할 것을 권유합니다. 전자제품을 살 때 너무 저렴한 중국산 저가 제품보다는 대형 기업에서 나온 유명한 제품을 사야 실패할 확률이 적은 것과 비슷한 원리입니다.

규모가 너무 작은 기업은 증권사에서 발행된 리포트 등 참고자료가 부족하고, 적은 금액으로도 주가의 변동성이 커져 초보투자자에게 불안감을 야기할 수 있습니다. 게다가 주식 시장의 상황이 급격히 나빠졌을 때 주가가 빠르게 급락하고 반대로 회복은 느린 경향이 있습니다. 그러니 초보 투자자라면 상대적으로 규모가 큰 회사, 최소 '시가총액 5,000억 이상' 기업들에 우선적으로 관심을 가져보세요.

❸ 외국인소진율: 외국인의 영향을 얼마나 받는가?

관심 기업의 외국인소진율과 주가 동향을 함께 살펴보세요. 외국인 투자자의 영향을 많이 받는지 가볍게 살펴보는 용도로 확인합니다. 상대적으로 외국인 소진율 및 투자자 비중이 높다면 환율 변동이나 시장 등락에 따라 외국인 자금이 순유입되거나 순유출될 때 더 많은 영향을 받을 수 있겠죠?

❹ 매영순(매출액, 영업이익, 순이익)이 성장하는 기업인가? 배

당금을 주는 기업인가?

관심 기업의 최근 매출액, 영업이익, 순이익을 살펴보세

요. '삼성전자는 2020년 매출액 규모가 약 237조, 영업이익이

약 36조, 순이익이 약 27조구나' 하고 살펴보는 거예요. 국내

1위 기업 삼성전자는 '내가 잘 알고 있는 기업'이라고 생각하

면서 정작 누군가 매출액이나 순이익을 물었을 때 "삼성전자

니까 엄청 돈을 많이 벌지 않을까?" 정도로 이야기해서는 안

기업실적분석　　　　　　　　　　　　　　　　　　　　　더보기·

주요재무정보	최근 연간 실적				최근 분기 실적					
	2018.12	2019.12	2020.12	2021.12(E)	2019.12	2020.03	2020.06	2020.09	2020.12	2021.03(E)
	IFRS 연결	IFRS 연결	IFRS 연결	IFRS 연결	IFRS 연결	IFRS 연결	IFRS 연결	IFRS 연결	IFRS 연결	IFRS 연결
매출액(억원)	2,437,714	2,304,009	2,368,070	2,658,610	598,848	553,252	529,661	669,642	615,515	608,058
영업이익(억원)	588,867	277,685	359,939	476,740	71,603	64,473	81,463	123,532	90,470	88,344
당기순이익(억원)	443,449	217,389	264,078	356,734	52,270	48,849	55,551	93,607	66,071	65,450
영업이익률(%)	24.16	12.05	15.20	17.93	11.96	11.65	15.38	18.45	14.70	14.53
순이익률(%)	18.19	9.44	11.15	13.42	8.73	8.83	10.49	13.98	10.73	10.76
ROE(%)	19.63	8.69	9.98	12.68	8.69	8.45	8.49	9.51	9.98	
부채비율(%)	36.97	34.12	37.07		34.12	34.19	32.67	36.09	37.07	
당좌비율(%)	204.12	233.57	214.82		233.57	237.80	250.04	229.69	214.82	
유보율(%)	27,531.92	28,856.02	30,692.79		28,856.02	29,134.12	29,477.97	30,242.29	30,692.79	
EPS(원)	6,024	3,166	3,841	5,172	770	720	808	1,364	949	956
PER(배)	6.42	17.63	21.09	16.11	17.63	15.24	16.52	15.89	21.09	88.72
BPS(원)	35,342	37,528	39,406	42,194	37,528	38,053	38,534	39,446	39,406	
PBR(배)	1.09	1.49	2.06	1.97	1.49	1.25	1.37	1.48	2.06	
주당배당금(원)	1,416	1,416	2,994	1,734						
시가배당률(%)	3.66	2.54	3.70							
배당성향(%)	21.92	44.73	77.95							

· 분기 실적은 해당 분기까지의 누적 실적에서 직전 분기까지의 누적 실적을 차감하는 방식으로 계산되므로,
　기업에서 공시한 분기 실적과 차이가 있을 수 있습니다.
· 컨센서스(E) : 최근 3개월간 증권사에서 발표한 전망치의 평균값입니다.

삼성전자 기업실적 분석

나는 한국 반 미국 반 투자한다

삼성전자 최대주주 현황

기업별 주주현황

최대주주		10%이상주주		5%이상주주		기타주주		유동주식	
보고자수	보유지분	보고자수	보유지분	보고자수	보유지분	보고자수	보유지분	유동주식수	유동주식비율
15	1,264,258,652주 (21.18%)	1	638,687,780주 (10.70%)	16	300,391,061주 (5.03%)	217	2,122,739주 (0.04%)	4,453,250,273주	74.60%

최대주주   10%이상주주   5%이상주주   기타주주

이건희 외 14인 1,264,258,652주 (21.18%)

대표주주	보고자	보유주식수	보유지분(%)	최종거래일	변동주식수	변동지분(%)	변동사유
이건희	삼성생명보험	50,157,148	8.51	2018-05-31	-22,983,552	-0.38	시간외매매(-)
	삼성물산	298,818,100	5.01	2018-05-04	292,841,738	4.91	액면분할(+)
	이건희	249,273,200	4.18	2018-05-04	244,287,736	4.09	액면분할(+)
	삼성화재해상보험	88,802,052	1.49	2018-05-31	-4,016,448	-0.07	시간외매매(-)
	홍라희	54,153,600	0.91	2018-05-04	53,070,528	0.89	액면분할(+)
	이재용	42,020,150	0.7	2018-05-04	41,179,747	0.69	액면분할(+)

네이버 금융→'삼성전자' 검색→종목분석→지분현황에서 확인이 가능합니다.

출처: 네이버 금융

됩니다. 주식투자를 시작했다면 관심 기업의 대략적인 매출, 순이익 규모 정도는 기억해두어야 해요.

빠르게 '매영순(매출액·영업이익·순이익)'을 확인하면서 3가지의 규모가 최근 3년 동안 증가하고 있는지 혹은 주춤하고 있는지 방향성 정도만 체크해봅시다. 이 과정을 통해 적자 기업은 피할 수 있어야 해요. 2,000개가 넘는 수많은 기업 중 좋은 기업을 찾으면서 굳이 빚이 많은 기업을 선택할 이유는 없으니까요. 또한 국내의 경우 미국과 다르게 배당금을 지급하는 기업이 적습니다. 따라서 3년간 배당금을 지급했는지,

그 규모는 어느 정도였는지도 함께 살핍시다.

⑤ 최대주주와 유동주식수: 최대주주 보유 비중이 너무 적은 소규모 회사는 조심하자!

관심 기업의 최대주주가 누구인지도 살펴보세요. 기업에 투자하는 나와 동업자가 될 수많은 사람 중에 회사 경영에 미치는 영향력이 가장 큰 사람이 누군지 확인하는 것은 당연히 해야 할 일입니다. 국내 대기업의 경우 대부분 오너 경영 체제*를 고수하고 있습니다. 따라서 경영자가 회사 소유권을 유지 혹은 확장하길 원하는 경우도 많아 상속 증여 등 예외적인 경우를 제외하고 최대주주는 자신의 지분을 쉽게 팔지 않아요. 따라서 시장에 상장된 주식 전부가 아니라 일부 지분만 거래가 됩니다.

실제 거래가 가능한 주식은 '유동주식'으로 불립니다. '유동주식수'는 지배주주, 다른 상장기업, 정부기관 등이 보유한 주식이 제외된 주식의 물량입니다. 이재용 씨가 삼성전자의 주식을 쉽게 팔진 않을 테니 거래 가능 물량에서 제외하는 것이죠. 만약 기업 규모가 작은 회사의 유동주식 비율이 낮다면 수요가 늘어날 때 가격이 빠르게 상승하고, 반대로 매도 물량이 출회되면 가격이 빠르게 하락할 수 있습니다. 예

---

* 최고경영자=최대주주인 경우. 기업을 경영하는 최고경영자가 기업 소유주일 때

를 들어 시가총액 4,000억인 코스닥 기업의 유동주식비율이 25%라면 시장에서는 4,000억 원어치의 주식이 모두 거래되는 것이 아니라 1,000억 원어치만 거래된다는 의미로 이해하면 됩니다.

유동주식비율이 적은데 인기가 있는 주식을 '품절주'라고 부릅니다. 매수하고 싶어도 물량이 많지 않아 거래가 어렵기에 그렇게 불립니다.

한편, 코스닥에 있는 상장기업 중 규모가 작은 최대주주 지분이 너무 적은 기업이라면 투자를 조심해야 합니다. 책임 경영을 하지 않을 가능성이 있기 때문입니다. 최대주주가 주식을 사고파는 내역을 전자공시를 통해서 확인할 수 있는데요, 저는 최대주주가 자신이 보유한 지분으로 단기매매하는 것으로 의심되는 정황을 목격하기도 했습니다. "최대주주 지분이 적은, 작은 기업은 무조건 투자하면 안 된다"라고 말하는 것은 아니지만 우려가 될 만한 내용이 있다는 것을 기억해주세요. 최근 5년간의 최대주주 지분 변화를 살펴봅시다.

이해가 쉬운 기업에 투자하세요

워런 버핏은 수익모델이 명확하고, 누구나 쉽게 이해할 수 있는 사업에 투자합니다. 그는 능력 밖의 이해할 수 없는 복잡한 사업을 하는 기업에 투자하지 않아야 한다고 말합니다. 주식투자는 단순히 사고팔아 돈을 불리는 것이 아닌, 지분을 매입하여 동업하는 것이기 때문입니다. 피터 린치 역시 "이해하기 쉬운 회사야말로 가장 완벽한 주식투자처"라고 말했습니다. 그는 통신위성 대신 팬티스타킹 회사에 투자했고, 광섬유 대신 모텔 체인에 투자했죠. 아는 바가 없고 감도 잡을 수 없는 회사에 투자하는 것보다 단순한 사업을 하는 기업에 투자하는 것이 사업 내용을 파악하기 한결 쉬웠기 때문입니다.*

그런데 요즘은 한 기업이 다양한 사업모델을 갖고 있는 경우가 많습니다. 예를 들어 네이버는 검색플랫폼으로서 광고수익 외에도 이커머스 사업(네이버 쇼핑), 콘텐츠 사업(웹툰), 핀테크 사업(네이버 페이) 등 꾸준히 수익 채널을 확장하고 있습니다. 기존 주력 사업에 더해 지속적으로 신사업을 발굴하여 추가적으로 수익을 확장해가는 것입니다. 여러 사업모델을 보유한 경우 특정 사업 부문에서 수익성이 하락할 때, 신사업의 수익이 방어하는 역할을 해줍니다. 따라서 관심 기업이 확장해 나가는 사업모델별 수익 구조를 이해할 필요가 있습니다.

만약 관심 있는 기업이 어떻게 해서 돈을 버는지 잘 이해가 되지 않는다면 투자 결정을 유보해야 합니다. 설사 관심기업이 현재는 돈을 잘 벌고 있는 것 같고 주가도 계속 오르

---

* 피터 린치, 존 로스차일드, 이건 옮김, 《전설로 떠나는 월가의 영웅》(국일증권경제연구소, 2017)

고 있으니 왠지 앞으로도 그럴 것 같다는 느낌이 들더라도 말입니다. 이러한 이유로 저는 바이오 기업 투자를 꾸준히 유보해왔습니다. 잘 이해되지 않는 기업에 투자한다면 결국 시장이 흔들리거나 주가가 하락할 때 불안해져 손절하고 손해를 볼 가능성이 있기 때문입니다. 혹시 잘 이해가 되진 않지만 남들이 좋다는 말에 관심이 생긴 기업이 있나요? 먼저 그 기업의 사업모델을 이해하려고 노력해보세요. 잘 이해되지 않는다면 투자의 대가 워런 버핏조차도 이해할 수 없는 '능력 밖 기업'에는 투자하지 않는다는 사실을 떠올립시다.

내가 투자할 기업, 알맹이도 좋은지 꼭 확인하세요

우리는 SNS에는 멋진 모습만 업로드합니다. 하지만 우리에게는 멋진 모습뿐 아니라 남에게 보여주기 싫은 부족한 모습도 있습니다. 이와 비슷하게 뉴스를 통해 접하는 기업에 관한 정보는 멋진 모습인 경우가 많습니다. 특히 그 기업이 대기업이라면 상대적으로 긍정적인 내용의 기사만 접하게 될 가능성이 큽니다. 모든 기업은 언론사의 광고주이자 주요 고객입니다. 또 홍보비를 집행해 긍정적인 기사를 내며 기업 이미지를 관리하는 것은 대기업 사내 홍보팀의 업무 중 하나입니다. 만약 부정적인 기사가 나온다면 홍보팀에서 빠르게 조치를 취할 것입니다.

그렇다면 기업들의 민낯, 보여주기 싫은 속사정까지 알

전자공시시스템DART

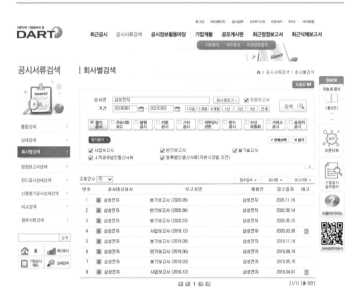

DART에 접속해 회사명과 기간 설정 후, 정기공시를 체크해 검색하면 사업·반기·분기 보고서만 모아 확인할 수 있습니다.

출처 : dart.fss.or.kr

고 싶다면 어디서 확인해야 할까요? 이는 '공시'를 통해 확인할 수 있습니다. 국내 모든 상장기업은 사업 내용, 재무 상황을 정기적으로 또는 수시로 공시하여 투자자가 합리적인 의사 결정을 할 수 있도록 자료를 제공할 의무가 있기 때문입니다. 따라서 주식시장에 상장된 모든 기업은 일정 기간 이내에 회사의 사업 내용 등을 기재한 분기·반기·연간 사업보고서를 제출해야 합니다. 그러니 포장만 멋있는 것이 아니라 알

맹이도 진짜 좋은지 확인하고 싶다면 사업보고서를 통해 기업을 살펴보아야 합니다.

하지만 사업보고서 역시 해당 기업 소속 담당자가 작성한 것이며 회계적 화장으로 꾸미기가 가능하기에 초보 투자자가 기업의 민낯을 읽어내는 데 여전히 어려움이 존재합니다. 그래도 기업 분석을 위해 필요한 거의 모든 정보를 클릭 한 번으로 확인할 수 있다니 참 편리하지 않나요? 처음엔 어렵겠지만 자주 접할수록 능숙해질 것이고, 아는 만큼 더 잘 보이게 될 것입니다. 이 책에서는 기업의 사업보고서에서 특히 자세히 들여보아야 할 재무제표에 대한 개념을 쉽고 간단하게 정리할 예정입니다. 주변에 공시를 살펴보고 주식투자하는 사람이 없다고요? 속으로 쾌재를 부르세요. 최소한 그들보다 한 발자국 앞선 채 투자를 시작하는 셈이 될 테니까요.

사업보고서가 너무 어렵다면? 증권사 리포트를 보세요

사업보고서를 읽는 것이 어렵게 느껴진다면 증권사 리포트를 통해 기업에 대한 투자 정보를 확인할 수 있습니다. 저역시 처음에 흑백으로 된 300~500쪽 분량의 보고서를 읽어볼 엄두조차 내지 못했습니다. 부담스럽게 느껴져 시작도 전에 포기하고 싶었죠. 핵심 정보인 재무에 관한 상황부터 차례대로 읽어보려고 했지만 제시된 표와 수치를 어떻게 해석하고 이해해야 할지 막막했습니다. 그래서 증권사 리포트에

금융 홈 　국내증시 　해외증시 　시장지표 　펀드 　리서치 　뉴스 　MY

리서치

ㅣ시황정보 리포트

ㅣ투자정보 리포트

ㅣ**종목분석 리포트**

ㅣ산업분석 리포트

ㅣ경제분석 리포트

ㅣ채권분석 리포트

KRX 전자공시

상장법인 지분정보

아크로뱃 다운로드

금융홈 > 리서치 > 종목분석 리포트

ㅣ종목분석 리포트

종목분석 [셀트리온] 이제 렉키로나주에 대해 가치를 부여해야

렉키로나주 유럽 EMA의 Rolling Review 게시셀트리온은 현지시각 기준 2월 24일 유럽 EMA 산하 약물사용자문위원회(CHMP)에서 COVID19 치료제인 렉키로나주(성분명, Regdanvimab)의 Rolling Review를 게시했다고 공시했다. 셀트리온은 1월 13일 발표했던 렉키로나주의 임상... 하나금융투자 · 2021.03.03

종목명	제목	증권사	첨부	작성일	조회수
인탑스	살아 남은 강자의 면모 ☑	키움증권	🗎	21.03.03	1233
셀트리온	이제 렉키로나주에 대해 가치를 부여해야 ☑	하나금융투자	🗎	21.03.03	1664
원익IPS	모르겠으면 그냥 대장주 ☑	DB금융투자	🗎	21.03.03	1945
코스맥스	어닝쇼크의 원인은 미국 법인의 빅배스 ☑	케이프투자증권	🗎	21.03.03	993
금화피에스시	안정적인 저평가 기업 ☑	이베스트증권	🗎	21.03.03	529
대원제약	코로나 이후 실적은 회복세에 진입 ☑	IBK투자증권	🗎	21.03.03	455
코스맥스	4Q 일회성, 2년 전 지역에서 턴어라운드 전... ☑	IBK투자증권	🗎	21.03.03	822
한화에어로스페이스	에어로엔 스페이스로 ☑	키움증권	🗎	21.03.03	4220
SK하이닉스	DRAM 가격 전망치 상향 조정	키움증권	🗎	21.03.02	4411
원익IPS	렉사스 한파 영향이 잠잠해져야	하나금융투자	🗎	21.03.02	3877

출처 : 네이버 금융

서 먼저 시작했습니다. 증권사 리포트는 중요하게 확인해야 할 내용과 도표 및 이미지가 컬러로 보기 좋게 정리되어 있어 부담이 적었습니다. 인터넷의 발달로 과거에 비해 개인 투자자의 정보 접근성이 좋아졌지만 여전히 애널리스트가 더 우위에 있어요. 증권사 리포트를 통해 공시보다 더 빠르게 기업 예상 실적에 관한 정보와 분석 자료를 얻을 수 있습니다. 따라서 증권사 리포트는 산업이나 시장에 관한 전문지식이 부족한 개인 투자자가 정제된 투자 정보를 가장 빠르게 접할 수 있는 통로입니다. '한경컨센서스', 네이버 금융의 리서치

탭에서 증권사별 기업 분석 리포트를 확인할 수 있습니다.

증권사의 애널리스트*는 조사하는 산업 분야와 담당하는 기업이 있어 산업과 기업의 동향을 파악해 시장 흐름을 읽어 냅니다. 예를 들어 '다음 분기 혹은 다음 연도 매출 및 영업이익은 얼마나 성장할 것인가?', '성장세는 얼마나 가속화될 것인가 혹은 둔화될 것인가?', '업계 패러다임을 주도하는 변수는 무엇이 될 것인가?' 등 시장과 산업 및 기업에 미치는 영향을 합리적으로 판단하고 시장을 전망합니다.

이는 일회성으로 끝나는 단순한 업무가 아닙니다. 애널리스트는 분기별로, 혹은 기업에 영향을 미치는 새로운 사건이 일어날 때마다 사업 실적을 새롭게 전망하고 자신이 담당한 기업의 적정 주가를 재평가합니다. 그래서 리포트는 정기적·비정기적으로 꾸준히 업데이트됩니다.

증권사 리포트를 볼 때: 매도의견 리포트가 없다?

그런데 저는 아직까지 한 번도 매도의견Sell 담긴 국내 증권사 리포트를 본 적이 없습니다. 왜 우리나라 증권사 애널리스트는 매도의견 보고서를 쓰지 못하는 걸까요? 기업과 언론사의 관계와 비슷하게 기업과 증권사는 갑과 을의 관계이기 때문입니다.

---

* 금융기관, 연구소 등에서 주식 종목, 경제 시황 등을 분석하는 전문가

게다가 리서치센터는 증권사 내부적인 위치로도 을에 가깝습니다. 리서치센터는 직접적인 영업을 하지 않는 조직으로, 영업 조직을 보조하는 역할을 수행합니다. 그런데 은행, 증권사, 보험사 등 모든 금융사의 핵심 조직은 영업 조직입

와이낫셀리포트WhyNotSellReport

애널리스트 순위

리포트의 목표 주가와 이후 실제 주가와의 오차를 비교합니다. 랭순으로 보기

* 분석 기간: 2012/03/07 ~ 2021/04/19
* 총 리포트 수: 226,072개

이름	소속	오차(RMSE)	평균 오차	표준 편차	총 리포트
문경원	메리츠종금증권	16.1%	-11.1%	12.9%	6
이현지	유진투자증권	16.5%	-13.2%	11.3%	4
이동건	신한금융투자	19.8%	3.3%	19.8%	35
정혜진	현대차증권주식회사	20.0%	-11.9%	16.3%	32
엄홍선	신한금융투자	20.1%	-11.2%	17.4%	13
김현기	현대차증권주식회사	20.5%	1.9%	20.8%	24

와이낫셀리포트닷컴(whynotsellreport.com)은 '매도 리포트가 없다'는 문제의식에 공감 속에서 등장한 사이트입니다. 을의 입장에서 벗어나 독립성을 보장받고 리포트의 퀄리티로 평가 받는 것을 지지함으로써 시장에 공정한 정보가 많아지는 데 도움을 주기 위한 목적을 갖고 있습니다. 애널리스트가 제시한 목표주가와 6개월 이후 실제 주가의 오차를 비교한 값을 제공합니다.

나는 한국 반 미국 반 투자한다

니다. 실질적으로 기업에 돈을 벌어다 주는 곳이 영업 조직이기 때문입니다.

만약 애널리스트가 특정 기업의 주식에 대해 매도의견이 담긴 리포트를 낸다면 어떻게 될까요? 매도의견 리포트를 확인한 기업의 IR팀* 담당자는 매도 의견을 낸 애널리스트를 자사 회사탐방과 기업설명회, 투자설명회에 초대하지 않는 보복성 조치를 취할 수 있어요. 만약 해당 기업이 리포트를 낸 증권사와 금융거래를 하고 있었다면 예치금 혹은 투자금을 뺄 수도 있을 것이고, 채권, 유상증자 등 금융업무에서 해당 증권사를 배제하는 간접적인 방법으로 보복을 할 수도 있습니다. 기업의 IR팀에서 정보를 제공하지 않으면 증권사 애널리스트는 리포트를 쓰기 어렵고, 회사 내 영업 조직으로부터 하소연을 듣게 될 것입니다. 을은 갑에게 솔직할 수 없다는 사실을 기억하세요.

주린이 맞춤 '증권사 리포트 읽는 법'

그렇다면 초보 투자자는 어떤 식으로 리포트를 활용해야 할까요? 기업과 증권사의 구조적인 갑을 관계를 이해했다면, 상대적으로 정보접근성이나 전문성에서 더 나은 애널리스트

---

* IR: Investor Relations. 기업 공시, 주주총회 지원, 보도자료 배포, 기자간담회, 투자자에 대한 대응 등 기업 활동과 관련 있는 업무를 담당하는 팀

의 분석 내용을 참고는 하되 그대로 수용하면 안 된다는 사실도 깨달았을 거예요. 리포트를 작성하는 애널리스트의 주관이 배제될 수 없다는 점을 고려해 비판적 관점을 견지할 필요가 있어요. 분별력 없이 리포트를 보면 오히려 잘못된 방향으로 투자를 하게 될 가능성도 있습니다.

애널리스트가 제시하는 '목표주가' 자체에는 큰 의미를 두지 않아도 됩니다. 애널리스트는 기업의 펀더멘털을 분석하고, 이를 기반으로 기업 가치를 평가하며 주가 목표치를 제시합니다. 그런데 시장에서 거래되는 가격과 목표주가 사이에 큰 괴리가 생기는 경우, 사전에 실적과 주가에 대한 가이드를 제시하는 것이 아니라 실시간 중계에 가깝게 목표주가가 조정되는 경우도 발생하기 때문입니다.

이런 사례는 국내뿐만 아니라 해외에서도 발생하며 특히 '성장주'일 경우 그렇습니다. 2020년 모든 전문가의 예상을 뛰어넘어 주가가 계속 상승해 '저 세상 주식'이라 불리던 테

증권사 리포트 내용(투자 의견) **읽는 팁**

리포트 내용	해석
강력매수Strong Buy	매수
매수Buy	중립
중립Hold	매도
매도Sell	매도

나는 한국 반 미국 반 투자한다

한경컨센서스→기업(삼성전자) 분석 리포트

작성일	제목	적정가격	투자의견	작성자	제공출처	기업정보	차트	첨부파일
2021-04-14	삼성전자(005930)다시 찾아 온 매수 ...	107,000	Buy	이재윤,백길현	유안타증권			
2021-04-13	삼성전자(005930)1 분기 . IM, CE 사...	110,000	Buy	김운호	IBK투자증권			
2021-04-12	삼성전자(005930)ESG 경영 강조에 대...	107,000	Buy	이재윤,백길현	유안타증권			
2021-04-08	삼성전자(005930) 1Q21 잠정실적 코멘...	105,000	Buy	이순학,이동욱	한화투자증권			
2021-04-08	삼성전자(005930) 수요 양호한데 칩 ...	111,000	Buy	김경민,김록호	하나금융투자			
2021-04-08	삼성전자(005930) 반도체 실적 회복과...	110,000	Buy	이승우	유진투자증권			
2021-04-08	삼성전자(005930) 하반기부터 본격적...	110,000	Buy	노근창,박찬호	현대차투자증권			
2021-04-08	삼성전자(005930)1Q21P 흑익 사이클 ...	0	-	김선우	메리츠증권			
2021-04-08	삼성전자(005930) 2Q21 영업이익 10.3...	100,000	Buy	송명섭	하이투자증권			
2021-04-08	삼성전자(005930)1분기. IM, CE 시연...	110,000	Buy	김운호	IBK투자증권			
2021-01-11	삼성전자(005930)4Q20 잠정 실적 리뷰	0	-	박유악	키움증권			
2021-01-11	삼성전자(005930)삼 성전자 4Q20 Prev...	107,000	Buy	이재윤	유안타증권			
2021-01-06	삼성전자(005930)500조, 그 이후	100,000	Buy	최영산	이베스트증권			
2021-01-05	삼성전자(005930)4분기는 이전 전망치...	97,000	매수	김운호	IBK투자증권			
2021-01-05	삼성전자(005930)목표주가 111,000원...	111,000	Buy	김경민	하나금융투자			
2021-01-04	삼성전자(005930)반도체 업황 회복과 상...	96,000	Buy	송명섭	하이투자증권			
2021-01-04	삼성전자(005930)DRAM 가격 전망치 상...	100,000	Buy	박유악	키움증권			
2020-12-29	삼성전자(005930) 빨리 봄이 온다	91,000	Buy	노근창,박찬호	현대차투자증권			
2020-12-29	삼성전자(005930)달러 약세와 유럽 락...	86,000	Buy	이승우	유진투자증권			
2020-12-18	삼성전자(005930)메모리 업황 반등이...	92,000	Buy	이순학	한화투자증권			

'최근 3개월, 삼성전자의 적정가격이 상승하고 있다'는 애널리스트의 의견을 알 수 있습니다.

출처: 한경컨센서스

슬라가 대표적인 예죠. 따라서 매도의견 리포트를 찾아보기 힘든 구조상 투자 의견(매수·매도 의견)은 융통성을 발휘해 해석할 필요가 있습니다. '매수'는 '중립', '중립'은 매도로 해석하면 돼요.

그렇다면 리포트에서 무엇을 중요하게 보아야 할까요? 리포트에서는 '애널리스트의 실적 추정치'를 참고하면 됩니다. 단, 증권사마다 추정치가 다르니 비교해서 보아야 해요. 만약 여러 증권사에서 동시에 실적 추정치를 상향조정해 시장

컨센서스가 상향조정된다면 긍정적인 시그널로 해석할 수 있 겠죠?

또 목표주가 자체는 중요하게 보지 않더라도 '실적 추정치 를 바탕으로 어떤 방법을 사용하여 목표주가를 도출했는지' 이해하는 것은 중요합니다. 추정 실적의 근거가 되는 가정이 타당한지, 예상치에 실적이 부합하지 못하게 만드는, 목표주 가에 도달하지 못하게 하는 방해 요인은 무엇인지 고민해보 는 거예요. 리포트에서 객관적 사실 내용을 확인하고 내 생 각을 정리하는 과정은 성공하는 투자자로 거듭나기 위해 반 드시 필요한 단계입니다.

증권사 리포트를 참고해 보는 실적 추정에 관한 자세한 내 용은 뒤에서 자세히 다룰 예정이니, 그 전에 기업의 실적을 읽어 내기 위해 반드시 알아야 할 '재무의 기본'부터 정리해 봅시다.

실전! 주식투자 ❶
쉽게 하는 기업 가치 분석

얼마에 사야 싸게 사는 걸까요?

주식투자를 처음 시작했을 때는 '싸게 주식을 사서 비싸게 팔면 되는 거잖아? 엄청 간단하네' 생각했습니다. 하지만 어떤 주식이 소위 싸게 팔리고 있는 주식인지 판단하는 것은 간단한 일이 아닙니다. 어떤 주식이 저렴한 주식일까요? 내가 관심 있는 기업의 주가가 얼마가 되어야 저렴한 것이고, 또 비싼 걸까요?

물건이든 주식이든 절대적 가격만을 보고 저렴하다 혹은 비싸다, 말하지 않습니다. 예를 들어볼까요? 샤넬 클래식 미디움 핸드백 가격은 864만 원입니다(2021년 1월 기준). '핸드백을 금으로 만드는 것도 아니고 그렇게 비싼데 누가 살까?' 생각할 수도 있습니다. 하지만 새벽부터 줄을 서서 샤넬 백을 사는 사람들이 많이 있죠. 게다가 샤넬 백을 사면서도 단순히 비싸다고 생각하지 않습니다. 오히려 지금 가격이 가장 저렴한 가격이라고 생각하기도 합니다.* 샤넬 백의 가치를 생산하는 데 투입된 비용과 물건을 담는다는 역할로만 평가하면 1,000만 원에 육박하는 가격을 매길 수 없을 거예요. 하지만 샤넬 백이 가진 브랜드 가치, 사는 이의 욕구 충족, 매년 상승하는 가격 등 눈에 보이지 않는 가치까지 고려하면 개인의 가치 평가 기준에 따라 충분히 1,000만 원이라는 가격을 매길 수 있죠.

반대로 인터넷에서 최저가 2만 원에 판매되는 핸드백은 저렴하다고 말할 수 있을까요? 만약 구매자가 원하는 수준의 품질과 실용성, 그리고 디자인까지 갖춰 2만 원 이상의 가치를 제공한다면 싼 것이 맞습니다. 우리는 이런 상품이나 제품을 가격 대비 성능이 좋다고 하여 "가성비가 좋다"라고 표현합니다. 이 말에는 '내가 지불한 가격보다 얻는 가치가 크다'라는 의미가 담겨 있습니다. 하지만 기대를 갖고 제품을 주문했는데 화면으로 보는 것과 다르게 박음질도 별로고, 크기도 너무 작으며 색깔도 마음에 들지 않아 2만 원이 아깝게 느껴진다면 2만 원짜리 가방은 비싼 가방이 됩니다.

---

* 샤넬은 매년 몇 차례 가격을 인상합니다. 클래식 미디움 핸드백의 가격은 2008년 270만 원이었으나 13여 년간 200% 넘게 올라 2021년 1월, 864만 원이 되었습니다.

주식도 물건과 마찬가지로 기업이 가진 '가치' 대비 '가격'이 낮을 때 "저렴하다"라고 표현하고, 반대로 '가치' 대비 '가격'이 높을 때는 "비싸다"라고 표현합니다.

기업의 가치는 어떻게 평가하나요?

기업의 가치를 평가하는 방법에는 여러 가지가 있습니다. 성장성, 안정성, 수익성 등 다각도에서 기업을 평가할 수 있는 분석 도구들이 존재하죠. "이것 하나만으로 기업 평가가 가능합니다!"라고 말할 수 있는 평가지표가 존재한다면 좋겠지만 아쉽게도 그런 완벽한 지표는 없습니다. 가치 평가지표들은 모두 한계점을 가지고 있습니다. 한 가지 이상의 도구를 활용해 다각도에서 기업의 가치를 분석할 필요가 있습니다. 기업의 가치를 평가하기 위한 재무적인 개념과 지표는 미국 투자 시에도 활용할 수 있는 개념이니 꼭 명확하게 이해하고 넘어갑시다.

기업 특성에 따라 적정 가치를 평가하는 지표가 달라집니다. 예를 들어 가장 대표적인 가치 평가지표인 주가수익비율 PER, Price Earning Ratio은 회사가 벌어들이는 '수익 대비 현재 주가'가 얼마나 고평가인지 알려주는 지표입니다. 일상생활에서 제품의 가격을 평가할 때 '이 가격이면 치킨 50마리인데…' 생각해본 적이 있나요? 이와 비슷하게 기업의 가치(주가)를 평가할 때 '이 가격은 수익 대비 몇 배인데…' 하고 평가하는 것이

테슬라 주가와 PER(2021년 3월 3일 기준)

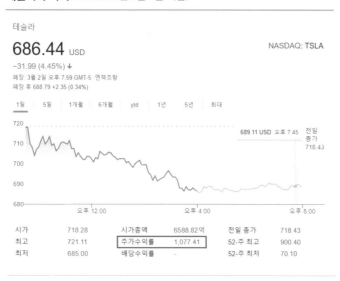

테슬라

686.44 USD

NASDAQ: TSLA

−31.99 (4.45%) ↓
폐장 3월 2일 오후 7:59 GMT-5 · 면책조항
폐장 후 688.79 +2.35 (0.34%)

| 1일 | 5일 | 1개월 | 6개월 | ytd | 1년 | 5년 | 최대 |

689.11 USD 오후 7:45 전일 종가 718.43

시가	718.28	시가총액	6588.82억	전일 종가	718.43
최고	721.11	주가수익률	1,077.41	52-주 최고	900.40
최저	685.00	배당수익률	-	52-주 최저	70.10

출처: 구글

바로 PER입니다. 따라서 PER은 적자 기업을 평가할 때는 사용할 수 없습니다.

그리고 테슬라 같은 성장주 역시 PER로 가치를 평가하는 데 어려움이 있습니다. 테슬라의 주가는 전문가의 '고평가' 논란을 비웃기라도 하듯 2020년 고공행진을 이어갔고, 가뿐히 'PER 1,000배'를 넘어섰죠. 'PER 1,000배'는 회사가 현재 벌어들이는 이익을 기준으로 볼 때 투자금을 회수하는 데 1,000년이 걸린다는 말과 같습니다. 살아생전에 절대 투자금을 회수할 수 없어 보이는데 왜 많은 사람들이 테슬라에 높은 가치를 부여할까요?

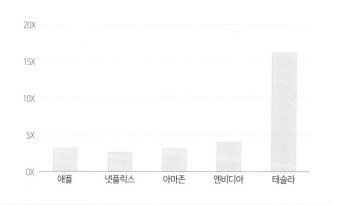

테슬라vs빅테크 PEG

20X

15X

10X

5X

0X
　　애플　　넷플릭스　　아마존　　엔비디아　　테슬라

출처: forbes.com

성장주로 불리는 기업들이 높은 PER에서 거래되는 이유는 기대되는 '성장성' 때문입니다. 그래서 성장성을 감안해 기업의 가치를 평가하는 주가수익성장비율$_{PEG}$*도 있습니다. 하지만 테슬라의 주가는 PEG로 설명하기 어렵습니다. 테슬라의 경우처럼 전통적인 가치 평가지표로 설명할 수 없을 만큼 높은 주가를 정당화하기 위해 꿈의 크기로 주가를 평가하는 주가꿈비율$_{PDR}$이라는 신조어까지 등장했어요.**

시대가 변함에 따라 기업의 가치 평가 기준도 달라집니다. 워런 버핏의 스승 벤저민 그레이엄은 7년 평균 PER 25배 미

---

* 주가수익성장비율PEG=주가수익비율PER÷주당순이익EPS성장률(%)
** 주가꿈비율PDR(Price to Dream Ratio)=기업 가치(시가총액)÷(해당 기업이 포함된 산업의 시장규모×시장점유율)

만, 12개월 평균 PER 20배 미만 기업을 선택하라고 조언했습니다. 하지만 그레이엄의 조언을 따라 전통적인 평가 기준으로 기업 가치를 평가하면 미국의 테슬라나 국내의 카카오 같은 기업을 투자할 기회를 놓치게 됩니다.

기업은 가치 평가지표를 활용해 종합적으로 평가되어야 합니다. 산업의 성장률, 브랜드 가치, 경영 성과 등 종합적인 요소를 확인해야 하죠. 하다못해 최근에는 '사람들의 꿈'까지 평가 요소에 포함되고 있습니다. 그렇다면 기업의 가치를 종합적으로 평가할 수 있는 정보는 어디서 얻을 수 있을까요? 앞서 정리한 전자공시시스템DART과 증권사 리포트에서 확인할 수 있습니다.

썸에서 끝내야 할 주식

바람기가 있는 이성과 연애를 시작하면 불안하지 않을까요? 시작 전부터 우려가 되는 상대와는 썸에서 끝내는 것이 현명한 선택이 될 수 있습니다. 결국 나중에 고생하게 될 수 있으니까요. 마찬가지로 나쁜 징조가 보이는 기업, 찜찜한 구석이 있는 기업은 투자까지 이어가지 않고 썸에서 끝내는 것이 현명한 선택입니다. 특히 주주에게 피해를 주는 결정을 내리는 경영진이 있는 기업은 피해야 합니다. 국내 주식시장에는 미국 주식시장과 다르게 아직 주주 친화적인 문화, 선진화된 금융 문화가 자리 잡지 못했습니다. 따라서 좀 더 주의할 필요가 있는데요, 썸에(관심 종목)서 끝내야 마음도 편하고 훗날 고생하지 않는 주식투자처 사례 3가지를 소개합니다.

❶ 유상증자를 자주 하는 기업

주주와 투자자의 공감을 얻기 어려운 유상증자*를 자주 하는 기업은 피해야 합니다. 유상증자는 주식수가 늘어나 주주가 보유한 주식의 가치를 떨어뜨리는 결과를 가져옵니다. 주주 가치를 훼손하는 것이죠. 재무가 건전하다면 증자를 할 필요가 없으므로 유상증자를 자주 한다는 것은 재정 상태가 어렵다는 것을 보여주는 지표가 됩니다. 게다가 유상증자의 이유가 단순히 운영자금 마련, 단기 차입금 상환 등 회사의 성장이 아닌 단순 생존을 위한 경우, 증자는 대개 악재로 분류됩니다. 습관적으로 증자를 하는 기업은 조심해서 피하는 것이 마음이 편합니다.

❷ 부채가 과도한 기업

기업의 성장을 위해 적당한 부채는 필요한 것이기도 합니다. 하지만 부채는 늘 경기가 어려워질 때 문제가 되는 법이죠. 부채 비율이 높은 상태에서 경기가 어려워져 기업의 적자 폭이 커지고, 나아가 잉여금이 바닥나 납입 자본금이 잠

---

* 주식을 추가로 발행해 자본금을 늘리는 것

식되는 자본 잠식에 빠지게 되면 상장폐지 위험에 처할 수도 있습니다. 재무가 건전하지 못한 기업일수록 유상증자를 통해 자금을 조달할 가능성이 크고요. 부채 비율이 200~300% 이상인 기업과는 썸에서 끝내는 것이 현명합니다.

❸ 나쁜 경영자가 있는 기업

'나쁜 경영자'가 있는 기업을 피해야 합니다. 횡령 배임 의혹으로 조사를 받았던 경영자, 갑질 논란 등 사회적 물의를 자주 일으키는 경영자, 과거 주가 조작에 연루된 경영자 등이 있는 기업은 피해야 합니다. '불성실 공시', '감사보고서 지연' 등의 문제가 발생하는 기업의 경영자 역시 주주 입장에서 능력이 부족한 나쁜 경영자입니다. 기업의 이미지를 훼손하는 경영자가 운영하는 기업에 투자하면 늘 불안에 떨어야 합니다. 관심 있는 기업의 어두운 민낯을 발견했다면 해당 기업의 투자 결정을 유보해야 합니다.

재무제표 그대로 보면 안 되는 이유

단순히 감으로 투자하지 않고, 기업의 가치를 정량적으로 분석하기 위해서는 '재무제표$_{financial\ statements}$'를 참고해야 합니다. 재무제표는 기업의 성적표입니다. 재무제표를 통해 기업의 재무 상태나 경영 성과를 파악할 수 있기 때문입니다. 내 성적표를 아무에게나 보여주기 싫은 것처럼 기업 역시 구체적

나는 한국 반 미국 반 투자한다

재무제표의 구성

재무제표				
재무상태표	포괄손익계산서	자본변동표	현금흐름표	주석
자산, 부채, 자본 항목 금액 정보 제공	경영 성과 (수익, 비용) 정보 제공	자본 구성 항목별 변동 정보 제공	현금흐름 (유입, 유출) 정보 제공	재무제포 이해에 필요한 보충 정보

출처: 금융감독원

인 매출액이나 순이익과 같은 민감한 자료를 아무에게나 보여주고 싶지 않을 것입니다. 하지만 기업은 재무제표를 일반 대중들에게 공개해야 하는 공시 의무를 가지고 있죠. 그래야 투자자들이 투자에 필요한 정보를 얻을 수 있으니까요.

재무제표는 재무상태표, 손익계산서, 자본변동표, 현금흐름표, 주석 5가지로 구성되어 있습니다. 회계와 관련된 내용으로 재무제표를 설명하는 내용만으로도 책 한 권 분량은 나올 거예요. 이 책에서는 재무제표에 대해 자세히 다루진 않을 것입니다. 자주 쓰이는 가치 평가 도구를 활용하기 위해 필요한, 반드시 알아야 할 개념만 쉽게 정리할 거예요.

먼저 재무제표를 공부하기 전에 꼭 기억해두어야 할 사실이 있습니다. 바로 재무제표를 작성하는 주체가 '기업'이라는 거예요. 마치 성적표를 본인이 직접 작성하는 것과 같죠.

그러니 재무제표를 볼 때는 기업이 어떤 부분을 강조했는지, 또 숨기고 싶어 한 정보는 무엇인지 의도를 파악하며 비판적인 자세로 읽어야 합니다. 부모님께 성적표를 보여드릴 때, 영어는 지난번에 3등급이었는데 이번엔 2등급을 받았다며 잘한 부분을 강조하고 싶은 것처럼 기업 입장에서는 잘한 점을 부각하고 못한 점은 감추고 싶을 거예요. 더구나 재무상태표와 손익계산서는 일정 시점에 매출을 부풀리거나, 재고를 과대 계상하거나, 고의로 감가상각을 누락하는 등의 방법으로 좋아 보이게 만들 수 있습니다.

그래서 재무제표는 볼 때는 "행간을 보아야 한다"고 말합니다. 즉, 재무제표에 드러난 숫자 뒤에 숨겨진 스토리를 읽어내야 한다는 말이죠. 기업의 의도가 무엇인지, 어떤 부분을 강조했고 어떤 부분을 숨겼는지 감추어진 의미를 찾아내는 일은 쉽지 않은 작업이지만, 이 작업이 투자에 실패할 확률을 줄여줍니다. 우리는 재무제표 중에서도 가장 중요한 재무상태표, 손익계산서, 현금흐름표 3가지만 정리할 것입니다. 함께 하나씩 살펴볼까요?

재무상태표 : 딱 3가지만 기억하세요

① 자산＝② 자본＋③ 부채

재무상태표는 특정 시점 기업의 재무상태를 보여주는 자료입니다. 기업이 빈손으로 사업을 할 수는 없겠죠? 사업을

삼성전자 재무상태표 일부

출처:2020년 9월 〈삼성전자 분기보고서〉

하기 위해서는 여러 도구(자산)가 필요합니다. 필요한 도구를 내 돈(자본)으로 마련할 수도 있고, 혹은 남에게 빌려서(부채) 마련할 수도 있습니다. 이처럼 기업이 사업을 하기 위해 어떻게 자금을 조달했고, 마련한 돈으로 무엇을 사서 가지고 있는지 알려주는 것이 재무상태표입니다.

❶ 자산=유동자산+비유동자산

'자산'은 쉽게 말해서 '돈이 될 만한 모든 것'을 말합니다. 기업이 맨손으로 사업을 할 수는 없겠죠? 사업을 위해 마련한 부동산, 주식, 채권, 제조기계, 책상, 특허권, 영업권 등 유·무형의 경제적 가치를 지닌 모든 것이 자산입니다. 자산은

자산의 분류

자산의 분류	세부 계정	
유동자산	당좌자산	현금 및 현금성 자산, 단기 금융 상품, 단기 매매 금융 자산, 매출 채권, 단기 대여금, 미수금, 미수 수익, 선급금, 선급 비용
	재고자산	원재료, 상품, 제품, 반제품, 저장품, 재공품
비유동자산	투자자산	장기 금융 상품, 만기 보유 금융 자산, 장기 대여금, 투자 부동산
	유형자산	토지, 건물, 기계 장치, 차량 운반구, 건설 중인 자산
	무형자산	영업권, 산업 재산권, 광업권, 개발비
	기타 비유동자산	임차 보증금, 장기 미수금, 이연법인세자산

출처:손해성 외, 《회계원리》, 상문사, 2015

'1년 이내에 현금화가 가능한지' 여부에 따라 유동자산과 비유동자산으로 나뉩니다. 예를 들어, 자유입출금식 통장에 있는 1억은 유동자산이고, 2년 만기 정기적금은 비유동자산으로 분류됩니다.

유동자산은 영업활동으로 1년 안에 현금화할 수 있는 자산입니다. 유동자산은 당좌자산과 재고자산으로 나뉘는데요, 생산과정이나 판매과정을 거치지 않고 즉시 현금화가 가능한 자산이 당좌자산입니다. '당좌'는 말 그대로 해석하면 '당장 계좌에서 인출이 가능한'을 의미합니다. '필요할 때 바로 꺼내 쓸 수 있는 자산'이죠. 현금 및 현금성자산, MMF와 같은 단기금융상품, 매출채권 등을 예로 들 수 있습니다.

재고자산은 제품을 생산하기 위해 사둔 재료나 판매 대기 중인 자산을 말합니다. 즉, 영업과 관련된 판매과정을 거쳐 현금화되는 자산입니다.

비유동자산은 영업활동을 통해 1년 안에 현금화할 수 없는 자산입니다. 토지나 건물 등 기업이 장기간 영업활동을 하기 위해 보유하는 자산, 사용이 제한된 자금 등 1년 이내에 현금화할 수 없는 자산을 말합니다. 비유동자산은 투자자산, 유형자산, 무형자산, 기타 비유동자산으로 구분됩니다.

투자자산은 1년 이내에 처분할 계획이 없는 금융상품을 말합니다. 투자를 목적으로 취득한 자산 중에서 1년 이내에 처분할 계획이 없는 금융상품이죠. 만기가 1년 이상 남은 장기 금융상품, 만기까지 보유할 목적으로 취득한 자산, 만기가 1년 이상 남은 유가증권 등이 있습니다.

유형자산은 기업이 영업활동을 하기 위해 사용되는 자산 중에서 보유 기간이나 사용 기간이 1년이 넘는 자산을 말합니다. 제품이나 상품을 생산하기 위한 공장·설비가 필요한 제조업 기반 기업은 비유동자산의 비중이 높은 편입니다.

무형자산은 물리적 실체는 없지만 영업활동에 사용되는 자산입니다. 최근 들어 데이터와 같이 물리적인 실체가 없는 자산의 중요성이 커지고 있습니다. 소프트웨어, 저작권, 라이센스 등은 물리적인 실체는 없지만 부가가치가 큰 무형자산입니다.

기타비유동자산은 투자자산, 유·무형자산으로 분류되지 않은 나머지 비유동자산을 말합니다. 대표적으로 보증금, 장기 미수금, 리스, 퇴직보험 등이 있습니다.

자산을 유동자산과 비유동자산이라는 큰 두 개의 틀로 구분해서 보아야 하는 이유는 부채 상환능력을 확인하기 위함입니다. 그러면 계속해서 부채로 넘어가서 정리해볼까요?

'부동산'은 어떤 자산일까? 투자자산? 유형자산? 재고자산?

큰 틀에서 재무제표를 작성하는 기준이 존재합니다. 하지만 같은 자산이라도 사용 목적에 따라 어떤 계정 과목으로 분류할지 달라집니다. 예를 들어 토지를 취득했을 때 제품 생산하여 판매하기 위한 공장 부지로 취득되면 유형자산으로 분류되고, 시세차익이 목적이라면 투자자산으로 분류됩니다. 그리고 부동산 회사가 단기간에 토지를 판매하기 위한 목적으로 취득한 경우에는 재고자산으로 분류됩니다.

카카오와 삼성전자 재무상태표 비교 : 유형자산 VS 무형자산

카카오의 연결 재무상태표

제 26기 3분기말 2020.09.30 현재
제 25기 말   2019.12.31 현재

단위 : 원

	제26기 3분기말	제 25기말
자산		
유동자산	4,115,525,728,366	2,829,694,454,045
현금및현금성자산	2,101,723,145,497	1,918,225,198,949
단기금융상품	585,443,653,206	207,766,855,476
당기손익-공정가치 측정 금융자산	556,872,383,967	49,512,474,331
파생상품자산	1,111,591,977	1,111,591,977
매출채권	187,504,985,778	157,220,905,352
기타유동금융자산	318,854,631,675	252,486,445,359
재고자산	49,885,041,028	49,449,770,906
기타유동자산	314,130,295,238	193,921,211,695
비유동자산	6,617,350,799,451	5,907,561,301,729
장기금융상품	10,177,953,779	50,061,893,487
당기손익-공정가치 측정 금융자산	198,330,428,127	127,148,333,704
기타포괄손익-공정가치 측정 금융자산	568,855,541,663	419,265,484,312
관계기업 및 공통기업 투자	1,182,633,112,425	978,943,948,141
기타비유동금융자산	115,142,812,615	92,354,874,203
유형자산	387,489,517,628	349,818,319,321
무형자산	3,732,870,870,925	3,548,415,767,971
투자부동산	25,136,997,825	2,843,015,277
사용권자산	255,273,296,045	227,458,395,560
기타비유동자산	76,473,417,665	50,547,988,423
이연법인세자산	64,966,850,754	60,703,280,330

플랫폼 기업인 카카오는 비유동자산 중 무형자산이 약 56%로 가장 큰 비중을 차지하고 있습니다. 비유동자산 중 유형자산의 비중은 약 6% 로

삼성전자의 연결 재무상태표

제 52기 3분기말 2020.09.30 현재
제 51기 말　　2019.12.31 현재

단위: 백만원

	제52기 3분기말	제 51기말
자산		
유동자산	203,634,913	181,385,260
현금및현금성자산	26,566,097	26,885,999
단기금융상품	89,694,025	76,252,052
단기상각후가금융자산	1,684,068	3,914,216
단기손익-공정기치금융자산	596,122	1,727,436
매출채권	40,379,873	35,131,343
미수금	3,600,224	4,197,120
선급금	1,548,872	1,426,833
선급비용	2,764,979	2,406,220
재고자산	32,442,857	26,766,464
기타유동자산	3,225,556	2,695,577
매각예정분류자산	1,132,240	0
비유동자산	172,153,829	171,179,237
기타포괄손익-공정가치측정금융자산	10,744,456	8,920,712
당기손익-공정가치측정금융자산	1,299,256	1,049,004
관계기업 및 공통기업 투자	10,744,456	8,920,712
유형자산	124,777,408	119,825,474
무형자산	18,980,799	20,703,504
순확정급여자산	8,220	589,832
이연법인세자산	4,478,036	4,505,049
기타비유동자산	3,883,192	7,994,050
자산총계	375,788,742	352,564,497

출처: 2020년 9월 〈삼성전자 분기보고서〉, 〈카카오 분기보고서〉

입니다. 반면, 삼성전자는 비유동자산 중 유형자산의 비중이 약 72%로 가장 높은 반면 비유동자산 중에서 무형자산이 차지하는 비중은 약 11% 입니다. 반면, 플랫폼 기업인 카카오는 비유동자산 중 무형자산이 56% 로 가장 큰 비중을 차지하고 있습니다. 비유동자산 중 유형자산의 비중은 약 6%입니다. 두 기업의 차이를 통해 알 수 있듯이 기업의 사업 특성에 따라 재무상태표의 자산 구성이 달라집니다. 대체로 제조 기업은 유형자산의 비중이, 서비스 기업 특히 플랫폼 기업은 무형자산의 비중이 높은 편입니다.

❷ 부채 : 유동부채+비유동부채

부채는 기업이 자산을 마련하기 위해 빌려온 '남의 돈'입니다. 개인이 부동산(아파트)이라는 자산을 마련하기 위해 내 돈 일부와 남의 돈(은행의 대출 등)을 활용하는 것과 같은 것이죠. 영업에 필요한 자산을 내 돈으로 100% 마련할 수 있으면 좋겠지만 그러기엔 시간이 너무 많이 소요됩니다.

부채의 분류

유동부채	매입채무, 단기차입금, 미지급금, 미지급비용, 선수금, 충당부채, 기타유동부채
비유동부채	장기차입금, 사채, 장기충당부채, 기타비유동부채

부채도 유동성에 따라 유동부채와 비유동부채로 나눕니다. 유동부채는 1년 이내에 상환할 의무가 있는 부채입니다. 단기차입금, 매입채무, 미지급비용 등이 있습니다. 비유동부채는 1년 이후에 상환일이 도래하는 부채로, 사채, 장기차입

금 등이 있습니다. '빚'은 반드시 갚아야 하는 돈입니다. 돈을 잘 벌 때는 부채가 많더라도 문제가 되지 않습니다. 하지만 갑자기 경기가 어려워지거나 사업에 문제가 생겼을 때 또는 금리 인상 시기일 때 과도한 부채는 부담으로 다가옵니다.

기업의 안정성을 평가하는 지표 중 하나인 '유동비율'*은 1년 안에 현금화할 수 있는 자산으로, 1년 안에 상환해야 하는 부채를 갚을 수 있는지 판단할 수 있는 지표입니다. 단기적인 재무 안정성을 평가하는 기초적인 지표죠. '유동비율이 100%'라는 것은 '유동자산을 전부 팔면 유동부채를 갚을 수 있다'는 의미입니다. 유동비율이 높을수록 기업의 단기 부채 상환 능력이 좋다고 평가할 수 있습니다. 만약 유동비율이 100% 미만이라면 유동자산을 전부 팔아 현금화해도 만기가 1년 이내인 유동부채를 갚지 못합니다.

그런데 유동자산으로 분류되는 '재고자산'은 판매과정을 거쳐서 현금화가 되는 자산입니다. 즉 팔리지 않으면 유동부채 상환을 위한 재원으로 사용할 수 없는 자산인 것이죠. 따라서 회사의 안정성을 평가할 때는 (회사의 지급 능력을 알아볼 때는) 잘 팔리지 않을 것 같은 재고자산을 제외하거나 할인해 계산해야 합니다.

또한 당좌자산에는 현금성 자산 이외에 선급금이나 선급

---

* 유동비율(%)=유동자산(당좌자산+재고자산)/유동부채×100

나는 한국 반 미국 반 투자한다

비용 같이 미리 지출된 계정과목이 포함되어 있습니다. 예를 들어 상품이나 원재료 매입을 위해 미리 지불한 선급금이나 미리 낸 보험료나 임차료는 선급비용으로, 현금으로 회수하는 데 어려움이 있습니다. 이처럼 현금으로 회수하기 어려워 유동부채 상환에 쓰이기 어려운 계정 과목은 제외하거나 할인을 적용해 유동부채와 비교해야 회사의 유동성을 더욱 적절히 평가할 수 있습니다.

❸ 자본 : 납입자본+이익잉여금+기타포괄손익누계액

자본은 기업의 주인인 출자자나 주주에게서 조달된 자금, 즉 '자기자본'을 말합니다. 자산을 마련하는 데 자기자본, 즉 회사가 지닌 자본을 활용했다는 의미인 것이죠. 남의 돈을 빌리지 않고 마련한 거예요.

자본금은 크게 납입자본, 유보자금, 기타 자본항목으로 분류됩니다. 먼저 발행된 주식의 액면 총액을 더한 것이 '자본금'입니다. 그리고 납입된 자본 중에서 자본금을 빼고 남은 부분을 '자본잉여금'이라고 합니다. 그러니까 '자본금+자본잉여금=납입자본'이 됩니다.

한편, 회사가 벌어들인 이익 중에서 배당금을 지급하고 사내에 남아 유보된 이익이 '이익잉여금'입니다. 직장인이 월급을 받아 쓰고 남은 돈을 저축하는 것과 같은 돈입니다. 좀 더 구체적으로 이야기하면, 손익계산서에서 당기순이익에

자본의 분류

납입자본	자본금	보통주자본금, 우선주자본금
	자본잉여금	주식발행초과금, 기타자본잉여금
유보자금	이익잉여금	법정 적립금, 임의 적립금, 미처분 이익잉여금
기타 자본항목	자본조정	자기 주식, 주식 할인 발행 차금, 자기 주식 처분 손실, 미교부주식배당금
	기타포괄 손익누계액	매도 가능 증권 평가 손익, 해외 사업 환산 손익, 재평가 잉여금, 현금 흐름 위험 회피 파생 상품 평가 손익

해당하는 과목이 이익잉여금으로 분류됩니다. 그리고 당기순손익에 포함되지 않는 과목은 기타포괄손익누계액으로 분류됩니다.

회사의 영업 성적표 '손익계산서' 보는 법
(매출액, 영업이익, 순이익)

손익계산서는 일정 기간 동안 기업에서 발생한 영업실적을 보여주는 자료로, 이 자료로 기업의 경영성과를 확인할 수 있습니다. 업종에 따라 계정 과목은 다소 차이가 있지만, 기업의 수익과 비용 그리고 손익을 확인할 수 있습니다.

손익계산서상 계정 과목은 기업 및 업종에 따라 다소 차이가 있습니다. 예를 들어 삼성전자처럼 제조업에 속하는 기업은 '매출액', '매출원가' 및 '판관비'로 표기되는 반면 카카오처럼 인터넷·모바일 기반 서비스업종에 속한 기업은 '영업수익', '영업비용'으로 기입됩니다.

❶ 매출액(영업수익)

기업의 주된 영업활동으로 생기는 수익을 말합니다. 주로 제조업종에서는 매출액, 서비스업종에서는 영업수익을 계정과목으로 사용합니다. 예를 들어 제조기업에서는 생산 활동의 결과로 얻어지는 수익이 매출액으로 분류됩니다. 가령 삼성전자가 100만 원짜리 스마트폰을 10만 개 팔았다면 매출액은 1조가 됩니다.

❷ 영업이익=영업수익(매출액)−영업비용(매출원가+판관비)

영업이익은 기업의 주된 영업활동을 통해서 생긴 수익에서 영업활동을 위해 투입된 비용을 제외하고 순수하게 남은 이익을 말합니다. 영업비용에서 제품이나 상품을 구입하는데 들어간 비용은 매출원가에 속합니다. 한편 상품의 판매를 위한 광고·외주용역비 등의 활동비나 기업의 유지 관리를 위해 지출된 비용은 판매관리비, 인건비로 분류됩니다. 가령 인건비, 세금, 공과금, 광고비 등이 판관비로 분류됩니다.

그러나 손익계산서의 각 계정과목은 기업의 성과를 평가한다는 고유의 목적에 맞게 달라집니다. 가령, 인건비(급여)는 보통 판매관리비로 분류되지만, 사람을 파견하는 서비스 기업의 경우 직원의 급여를 매출원가로 인식하기도 합니다. 재무제표를 공부하는 초보 투자자들이 겪는 어려움이 바로 이런 점입니다. 수학 공식처럼 명확하게 A는 B라고 정해져 있는 것이 아니라, 재무제표의 작성이 각 기업의 특성에 따라 달라지죠. 하지만 너무 걱정하지 마세요. 기본적인 내용부터 정리하고, 추가로 예외적인 부분을 익혀 나가면 되니까요.

이해가 안 된다면? 재무제표 주석을 보세요

재무제표를 이해하는 데 필요한 부가적인 설명은 '주석'에서 확인할 수 있습니다. 예를 들면 삼성전자의 손익계산서에서는 매출원가와 판매관리비라는 두 개의 계정과목으로만 영업활동에 쓰인 비용에 대해 알 수 있는데요, 주석에는 영업비용이 어떻게 구성되어 있는지 비용의 성격별로 분류해두었기 때문에 더욱 자세한 내용을 확인할 수 있어요. 영업비용에서 특히 많은 비중을 차지하는 비용이 무엇인지, 전 분기 대비 갑자기 크게 늘어난 비용은 없는지 등을 알 수 있습니다.

삼성전자의 연결 재무제표 주석

18. 비용의 성격별 분류:

당분기 및 전분기 중 비용의 성격별 분류 내역은 다음과 같습니다.

단위: 100만 원

구분	당분기		전분기	
	3개월	누적	3개월	누적
제품 및 제공품 등의 변동	(2,575,658)	(1,970,066)	605,907	(613,869)
원재료 등의 사용액 및 상품 매입액 등	25,784,270	60,285,764	23,816,523	62,750,710
급여	5,918,696	18,075,115	5,639,703	17,568,331
퇴직급여	324,696	939,597	274,643	828,596
감가상각비	6,835,367	20,034,922	6,545,815	20,026,883
무형자산상각비	800,067	2,424,446	321,745	826,921
복리후생비	1,154,944	3,467,427	1,059,511	3,406,159
유틸리티비	1,247,206	3,506,964	1,163,615	3,332,694
외주용역비	1,385,715	4,081,852	1,378,003	3,805,121
광고선전비	1,122,115	2,716,195	1,111,059	3,189,703
판매촉진비	1,640,058	4,337,633	1,786,359	5,221,738
기타비용	10,973,446	30,408,756	10,521,696	29,564,895
계(*)	54,610,922	148,308,605	54,225,579	149,907,882

(*) 연결손익계산서상 매출원가와 판매비, 관리비를 더한 금액입니다.

출처: 2020년 9월 〈삼성전자 분기보고서〉, 〈카카오 분기보고서〉

❸ 순이익=영업이익±영업외수익 및 비용−법인세비용

영업이익에서 영업외수익 및 비용과 법인세비용을 가감하면 기업의 최종적인 순이익이 도출됩니다. 영업외수익 및 비용은 기업의 이자수익, 배당금 수익 혹은 외환 거래로 인한 이익이나 손실 등의 금융수익 및 비용, 유·무형자산 매각으로 인한 차익 발생 등 영업과 무관하게 발생하는 등의 기타 수익 및 비용을 말합니다.

당기순이익은 실질적으로 '주주의 이익'으로 귀결되는 몫 입니다. 당기순이익은 기업이 상품이나 서비스를 팔아 생긴 수입에서 직원들 월급 주고, 임대료 내고, 은행에 대출 이자를 내고, 국가에 세금을 낸 뒤 남은 최종 이익으로, 손익계산서의 하단에 위치합니다. 당기순이익은 배당금을 지급하는 데 활용되고, 주가를 평가하는 PER을 계산할 때도 사용되는 중요한 항목입니다.

하지만 순이익보다 더 유의해서 봐야 할 계정과목은 '영업이익'입니다. 본업이 중요하기 때문입니다. 당기순이익은 주된 영업 활동 이외에 부동산, 주식 매각차익 등 일시적인 활동으로 인한 영업외이익이 포함되어 있습니다. 축구 선수는 축구를 잘해야 하고, 배우는 연기를 잘해야 합니다. 축구 선수가 농구를 잘할 수도 있지만 '축구 선수'의 몸값을 결정짓는 것은 그가 농구를 얼마나 잘하는지가 아니라 '축구를 얼마나 잘하는지'입니다. 본질과 먼 영업외이익은 기업의 가치, 즉 주가에 영향을 주기 어렵습니다. 기업의 경영성과를 평가하고, 미래 투자 가치를 판단할 때 중요한 것은 기업의 핵심 역량인데, 이 역량이 반영된 것이 '영업이익'입니다.

스토리로 쉽게 이해하는 '손익계산서'

㈜린지는 통신판매업을 영위하고 있는 회사로, 스마스스토어를 운영 중입니다. ㈜린지는 중국에서 가방(상품)을 떼다가 국내에서 판매하고 있습니다. 가방의 판매가격$_P$과 판매수량$_Q$을 곱한 것이 '매출액$_{PXQ}$'이 됩니다. 린지가 구입한 가방의 가격(구매원가)과 구입수량을 곱한 것이 '매출원가'가 됩니다. 매출액에서 매출원가를 차감한 것을 매출총이익이라 부릅니다. '매출총원가'는 '제품이나 상품을 팔았을 때 얼마의 이익이 발생하는가?'를 알려줍니다.

㈜린지는 매출을 일으키기 위해 판매 및 마케팅 활동을 대신해줄 영업사원을 고용하였고, SNS를 통해 광고를 집행했습니다. 이때 투입된 비용이 판매 및 관리비(판관비)입니다. 판관비는 주된 영업활동인 판매활동에 투입된 비용과 인건비, 사무실 임대료 같은 일반적인 관리비로 쓰인 비용을 말합니다. 매출총이익에서 판관비를 차감하면 기업의 주된 영업활동으로 발생한 영업이익이 도출됩니다. ㈜린지는 중국 가방을 사

올 때 위안화로 거래하기 위해 회사 자금 중 일부를 위안화로 보유 중이었는데, 위안화 환율이 상승해 환차익이 발생하였습니다. 영업이익에 '영업외수익인 환차익'을 더한 후 '납부한 법인세'를 제외하면 ㈜린지의 순이익을 구할 수 있습니다.

'현금흐름' 정도는 알고 가세요

현금흐름표는 실제 현금의 유출입을 보여주는 자료입니다. 손익계산서의 영업수익과 비용은 거래 발생 시점을 기준으로 작성됩니다. 실제 현금이 오가지 않더라도 말이죠. 예를 들어 삼성전자가 이마트 일렉트로와 스마트폰 판매 계약을 맺고, 외상으로 물건을 전달했다면 판매대금이 아직 입금되지 않았어도 매출이 발생한 것으로 인식합니다.

또한, 삼성전자가 이번 달 사무실 임대료를 미납해 아직 현금이 나가지 않았더라도 비용으로 인식됩니다. 즉, 손익계산서를 통해서는 실제 현금의 유출입을 확인할 수 없습니다. 손익계산서에서 확인할 수 없는 실제 현금의 유출입을 보여주는 자료가 '현금흐름표'입니다. '현금흐름'은 3가지로 나뉘고, 이 3가지를 더한 값을 현금흐름표에서 확인할 수 있어요.

나는 한국 반 미국 반 투자한다

현금 유입과 현금 유출

현금흐름 구분	현금 유입	현금 유출
영업활동으로 인한 현금흐름	+ 제품판매(매출채권 회수) + 이자수익 + 배당금 수입	- 상품매입(매입채무 결제) - 이자비용 - 법인세비용
투자활동으로 인한 현금흐름	+ 장기대여금 회수 + 금융자산 처분 + 유·무형자산 처분	- 장기 현금 대여 - 금융자산 취득 - 유·무형자산 처분
재무활동으로 인한 현금흐름	+ 현금 차입 + 주식 발행	- 차입금 상환 - 자사주 매입 - 배당금 지급

❶ 영업활동 현금흐름

기업의 주된 영업으로 창출된 현금, 이자의 수취, 배당금 수입을 통한 현금 유입과 이자 지급, 법인세 납부로 인한 현금 유출의 합을 말합니다.

❷ 투자활동 현금흐름

유형자산이나 무형자산을 취득하거나 처분하는 것, 금융자산을 취득하거나 처분하는 경우 '투자활동으로 인한 현금흐름'으로 분류됩니다.

❸ 재무활동 현금흐름

돈을 차입하여 현금이 유입되는 경우, 빌린 차입금을 상환하거나 주주들에게 배당금을 지급하고 자사주를 매입하여 현금이 유출되는 것은 재무활동 현금흐름에 해당됩니다.

현금흐름표에서 가장 중요한 항목은 영업활동으로 인한 현금흐름입니다. 기업이 본업을 잘하는지 알려주기 때문입니다. 이익을 내지 못하는 적자 기업은 당연히 영업활동으로 인한 현금 흐름이 마이너스가 됩니다. 그리고 손익계산서상에는 이익이 나지만 영업활동으로 인한 현금흐름이 마이너스인 기업도 있습니다. 이런 기업은 흑자도산할 우려가 있으니 주의해야 합니다. 좋은 기업은 적절한 투자 및 재무활동으로 현금이 유출되고(-) 영업활동으로 현금이 유입되는(+) 기업입니다.

자, 이렇게 현금흐름표까지 기업의 가치를 평가하는 데 필요한 최소한의 개념을 함께 정리해보았습니다. 배운 내용을 위주로 관심 기업의 재무 데이터를 확인해봅시다.

투자하기 좋은 기업을 찾았다면

좋은 기업을 찾았다는 생각이 들 때, 무작정 매수하지 마세요. 반드시 확인할 것이 있기 때문입니다. 현재 가격(주가)이 저렴한 편인지 혹은 비싼 편인지 확인해야 해요. 옷이나 신발을 살 때도 인터넷에서 최저가를 검색하면서, 주식투자를 하기 전에 매수 가격이 적당한지 살펴보지 않으면 안 되겠죠?

초보 투자자는 단순히 차트만 보고 '계속 상승하는 주식'을 비싸다고 생각하고(그래서 52주 신고가인 주식을 매수하지 못합니다) 반대로 '계속 하락하는 주식'을 저렴하다고 생각하는 경향이 있습니다.

기업의 가격은 가치와 함께 살펴보아야 한다고 앞서 배웠죠? 주가가 싸다, 비싸다를 논할 때는 단순히 주식의 '가격'만을 두고 논할 것이 아니라 기업이 지닌 가치와 가격을 함께 비교해야 한다는 것! 잊지 마세요. 2만 원짜리 'Made in China' 가방을 무조건 싸다고만 말할 수 없는 것처럼 말이죠. 가격과 가치를 비교해보는 일은 가치를 평가하는 여러 지표를 활용해서 할 수 있습니다. 공식 암기하듯 가치 평가지표를 대하지 말고, 개념을 이해하는 것에 초점을 맞춰주세요. 평가지표마다 한계가 존재하고, 기업의 특성에 따라 사용해야 할 평가 도구가 달라집니다.

그리고 모든 평가지표는 미래의 '예상치' 데이터를 사용해야 합니다. 가령 PER을 계산할 때는 이미 확정된 과거의 순이익이 아니라 미래의 예상 순이익을 활용해서 구해야 하죠. 기업의 가치 평가가 쉽지 않은 이유가 여기에 있습니다. 재무제표에 나온 확정된 실적 데이터는 이미 주가에 선반영 되어 있습니다. 따라서 과거 실적을 바탕으로 현재 주가를 평가하는 것은 논리적으로도 맞지 않습니다. 아직 다가오지 않은 미래의 실적을 추정하고, 이를 통해 현재 기업의 가치를

남양유업과 삼성전자 주가 비교

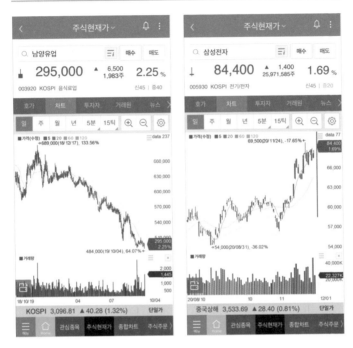

남양유업의 주가는 계속 하락하니 저렴해 보이고, 주가가 계속 상승하고 있는 삼성전자는 저렴하다고 생각하는 경향이 있습니다.

논해야 합니다.

　그런데 또 미래의 기업실적에 대한 기대나 예상은 환경에 따라 얼마든지 변할 수 있죠. 따라서 한 번 가치를 평가한 이후에도 지속적으로 시장 및 기업의 실적을 모니터링하며 회사의 가치를 재확인해야 합니다. 회사의 가치는 기업이 벌어

들이는 수익이나 기업이 보유한 자산 등과 비교해서, 그리고
'산업 내 시장점유율, 성장률에 따라 얼마나 멀티플*을 줄 것
인지'에 따라서도 결정됩니다.

　자, 그럼 가장 자주 쓰이는, 대표적인 기업 가치 평가지표
6가지를 정리해볼까요?

실전! 기업 가치 분석 ❶ 주가수익비율PER

$$\text{주가수익비율}_{PER} = \frac{\text{주가}_P}{\text{주당순이익}_{EPS}} = \frac{\text{시가총액}}{\text{당기순이익}}$$

　주가수익비율PER은 기업의 시장가치를 평가하는 가장 대표
적인 지표입니다. 주가를 주당순이익으로 나눈 값으로, 'P/E
Ratio'로 표기하기도 해요. 쉽게 설명하면, A기업의 주가가 1
만 원이고, 주당순이익이 1,000원인 기업의 주가수익비율은
10이 됩니다. 'PER=10'이라는 말은 투자한 본전(1만 원)을 회
수하는 데 걸리는 시간을 의미하기도 합니다. 왜냐고요? 시
간이라는 가치와 기업의 성장성을 고려하지 않고 현재의 순
이익이 고정된다고 가정해봅시다. 기업이 벌어들인 수익 중
순이익이 주주의 몫이라 배웠죠? 그러니까 주주 입장에서는
1만 원 투자로 매년 주당 1,000원의 순이익이 생기는 셈이니

---

* 가치 평가지표 대비 배수

투자한 본전(1만 원)을 회수하는 데는 10년(1,000원×10년=1만 원)이 걸리게 됩니다.

만약 기업의 주당순이익이 여전히 1,000원인데 외부 시장 요인으로 A기업의 주가가 5,000원까지 하락했다고 가정해봅시다. 그러면 본전을 회수하는데 소요되는 기간은 5년(1000원×5년=5,000원)이 됩니다. '분자의 주가가 낮을수록', '분모의 주당순이익이 높을수록' PER은 낮아집니다. 따라서 "PER이 낮다"라는 말은 '기업의 순이익에 비해 주식 가격이 낮다'는 의미이고, 반대로 "PER이 높다"라는 말은 '순이익에 비해 주식 가격이 높다'를 의미합니다. 그래서 PER이 낮을수록 저평가, 높을수록 고평가라고 말하는 거죠.

PER의 개념이 이해가 되었나요? 그렇다면 이번에는 PER 공식을 역수로 바꾸어 봅시다.

$$\text{이익수익률}_{\text{Earning Yield}} = \frac{\text{주당순이익}_{\text{EPS}}}{\text{주가}_{\text{P}}}$$

이익수익률은 은행 이자처럼 투자 대비 예상되는 기대수익률을 보여줍니다. 이는 주당순이익이 1,000원인 기업의 주식을 1만 원에 샀다면 기대수익률이 10%, 5,000원에 샀다면 기대수익률이 20%가 된다는 의미로 해석할 수 있습니다.

그럼 이제 배운 내용을 바탕으로 관심 기업의 PER을 살펴볼 수 있어요. 증권사 보고서나 네이버 증권의 선행 EPS를 참고해 관심 기업의 현재 주가수익비율PER를 구해보세요. 그러고 나서 동일 업종 평균 PER과 비교하여 높은지 또는 낮은지 확인해봅시다. 현재 가격에 투자했을 때 본전을 뽑는 데는 몇 년이 걸리는지, 기대수익률이 몇 %가 되는지 따져 보세요.

PER을 공부하고 나면 시장에서 (상대적으로) PER이 낮은 기업을 찾아 투자하면 무조건 성공하는 투자를 할 수 있을 것 같은 기분에 사로잡히게 됩니다. 하지만 이미 공개된 전략은 사람들이 모두 따르게 되어 있으므로 결국 그 전략은 가장 좋은 투자법이 되기 어렵습니다. 게다가 만능열쇠는 없다는 사실! 한 가지의 지표만 가지고 좋은 기업을 찾아 투자하겠다는 생각은 성공적인 투자에서 멀어지는 길입니다.

성장주로 분류되는 IT·2차전지 등 시장에서 인기 있는 산업에 속한 기업들은 미래에 얻게 될 높은 수익을 전제로 높은 PER에서 거래됩니다. 성장주가 현재 벌어들이는 이익 대비 높은 PER에 거래되는 이유는 미래에 큰 수익이 기대되기 때문입니다. 대출로 미래의 소득을 당겨 쓰듯이 미래의 실적을 미리 당겨 주가에 반영하는 것이죠. 특히 산업 성장 사이클, 정책 사이클과 맞물려 향후 이익 증가율이 클 것으로 기대되는 기업들은 고점 논란 속에서도 주가가 지속적으로 상승하기도 합니다. 테슬라가 멀티플 1,000배 이상에서 거래되었던 것처럼 말이죠.

따라서 기업이 속한 업종의 평균 대비 높은 멀티플을 받고 있는 고PER 기업이라면 무조건 비싸다고 속단해 투자를 포기하지 않고 향후 성장성을 고려해 평가할 필요가 있습니다. 현재는 고PER로 평가되는 기업이지만 미래에 매출과 이익이 성장하여 높아 보이는 PER을 실적으로 따라잡을 수도 있어요. 고PER 종목이 오히려 투자자에겐 저평가된 성장주를 발굴할 수 있는 기회가 될 수도 있습니다.

실전! 기업 가치 분석 ❷ 성장주 가치 평가지표

$$주가수익성장비율_{PEG} = \frac{주가수익비율_{PER}}{주당순이익\ 성장률(EPS\ 성장률)}$$

성장주 가치 평가지표인 주가수익성장비율$_{PEG}$은 기업의 성장성을 감안해 가치를 평가하는 지표로, 성장주의 가치를 평가할 때 활용되는 지표입니다. PER을 주당순이익 성장률*로 나누어 구할 수 있어요. 동일한 PER을 가진 기업끼리도 성장률이 다르다면 기업의 가치는 다르게 평가되어야 합니다. 기업의 수익은 고정되어 있지 않기 때문입니다. 매년 기업의 매출액, 순이익 등 기업의 실적은 매년 변하죠. 순이익은 꾸

* 일반적으로 향후 3~5년 연평균 주당순이익 성장률을 적용합니다

나는 한국 반 미국 반 투자한다

준히 상승할 수도 있고 반대로 하락할 수도 있습니다.

PEG는 월가의 유명 펀드매니저인 피터 린치가 펀드에 편입할 종목을 분석할 때 항상 사용했던 기준이기도 합니다. 성장주 투자자로 유명한 피터 린치는 "PER이 연성장률보다 낮다면 그 주식은 헐값이 된다"라고 말했습니다. 가령 연성장률이 12%인 회사의 PER이 6이라면(6/12=0.5) 투자하기에 아주 매력적인 종목이지만 연성장률이 6%인 기업의 PER이 12이면(12/6=2) 매력적인 종목이 아니라고 평가할 수 있습니다. 피터 린치는 PEG가 0.5 이하면 매우 유망한 종목이고 2 이상은 매우 불리하다고 말했습니다. 'PEG=1'은 'PER=EPS 성장률'을 의미합니다. 그러니까 PER이 20배인 기업은 연성장률이 20%는 되어야 투자할 만한 주식이 된다는 뜻이에요.

어떤 일이든 한 번, 두 번 일시적으로 잘하는 것보다 꾸준히 계속 잘하는 것이 훨씬 어렵습니다. PER이 높은 성장주는 특히 지금의 성장이 지속 가능한 성장인지 종합적으로 판단해보아야 합니다. 시장에 진입장벽이 있어 경쟁자가 등장하기 어려운지, 제품 교체 주기 혹은 서비스 사용 주기는 얼마인지, 브랜드 파워가 있어 가격과 무관하게 고객 충성도가 높은지, 회사의 사업이 속한 산업에 성장성이 있는지, 주력 사업의 성장이 둔화할 때 신사업을 통해 성장을 이어갈 수 있는지 등 기업의 성장과 주가를 뒷받침해줄 근거를 지속적으로 확인해야 합니다.

실전! 기업 가치 분석 ❸ 안정성 평가지표

$$\text{주가순자산비율}_{PBR} = \frac{\text{주가}_P}{\text{주당순자산}_{BPS}} = \frac{\text{시가총액}}{\text{순자산(자본=자산-부채)}}$$

안정성 평가지표인 주가순자산비율$_{PBR}$은 주가를 순자산으로 나눈 값으로 PER과 함께 가장 기본적인 가치평가 지표 중 하나로 'P/B Ratio'로 표기하기도 합니다. PBR은 순자산(청산가치)과 현재 주가를 비교하여 주식의 가치를 평가하는 지표입니다. 투자자는 보통 회사가 계속 영업활동을 할 것이라는 기대로 투자하지, '혹시 회사가 문을 닫으면 얼마나 회수할 수 있지?' 생각하며 투자하지 않죠. 하지만 주식시장에서 '확실한 것'은 없습니다. 한때 잘나갔던 기업도 시대의 변화를 따라가지 못하거나 경영진의 부패 등으로 나락의 길을 겪는 경우가 많습니다. PBR은 회사가 영업을 중단하고 혹시라도 문을 닫게 되어 모든 자산을 팔게 되었을 때를 고려해 순자산가치와 주가를 비교하는 안정성 측면에서 주식의 가치를 평가하는 지표입니다.

PER과 마찬가지로 포인트는 주주의 몫입니다. 회사가 가진 자산 중에서 갚을 돈은 갚고(부채를 제외하고), 돈이 될 만한 모든 것을 전부 팔아 현금화하여 주주들에게 투자금을 돌려준다고 할 때 주주에게 돌아가는 몫을 계산하여 주가와 비교하는 것입니다. A기업의 주가가 10,000원이고, 주당순자산이 10,000원이라면 'BPS=10,000원/10,000원=1'가 됩니다. 'PBR이 1'이라는 것은 회사를 완전히 정리하고 나면 딱 현재 주가만큼의 돈을 회수할 수 있다는 것을 의미합니다. A 기업의 주식을 10,000원 주고 산 투자자는 혹시나 기업이 망해도 투자금 전부인 10,000원을 고스란히 회수할 수 있다는 말이죠. 하지만 만약 주당 청산가치가 5,000원이 된다면 'PBS=2(10,000원/5,000원)'가 되고, 투자한 돈은 10,000원이지만 5,000원만 회수가 가능합니다. 따라서 PBR을 이용해 주가를 평가할 때는 배수가 낮을수록 저평가되고, 배수가 높을수록 고평가됩니다.

하지만 PBR 지표에도 한계가 있습니다. 청산 시점 자산의 가치가 처음 매입했을 때보다 줄어들거나 늘어날 수도 있고 재고자산과 유·무형자산은 시간이 지남에 따라 감가상가되므로 정확한 가치를 구하는 데 현실적인 어려움도 있습니다. 게다가 회사가 가진 자산은 많지만 이를 제대로 활용해 영업활동을 하고 있지 못한다면 과연 투자할 가치가 있다고 말할 수 있을까요? 유휴자산의 가치가 과대계산될 수 있다는 한계도 존재합니다. 물론 워런 버핏처럼 기업의 가치를 분석하는 데 능숙한 투자자라면 단순히 증권사가 제공하는 표면적인 PBR 지표를 활용하는 것이 아니라 자신의 분석 방법을 활용하여 순자산가치를 구해낼 수 있을 거예요. 하지만 초보 투자자는 상황이 다릅니다. 재무제표를 읽어내거나 분석하는 나만의 기준이 정립되어 있지 않아 증권사에서 제공한 자료 이외의 나만의 방법으로 기업의 순자산가치를 평가하는 것이 사실상 불가능합니다.

이 같은 이유로 PER이나 PBR이 낮은, 시장에서 소외된 주식을 어렵게 찾아 투자를 고민하는 방식의 투자는 추천하지 않습니다. 영업활동이 정체된 소외된 기업에 잘못 투자하면 시장이 상승하는 시기에도 주가가 움직이지 않아, 오래 기간 힘든 시기를 겪어야 할 수도 있어요. 따라서 초보 투자자라면 진흙 속 진주를 어렵게 찾으려고 하기보다 진흙 위에 이미 나와 있는 진주를 찾는 방식으로 투자하기를 바라요. 진흙 속 진주라고 생각하고 파본 것이 돌멩이일 수도 있으니까요.

실전! 기업 가치 분석 ❹
가장 대표적인 평가지표 'EV/EBITDA'

$$EV/EBITDA = \frac{\text{시가총액} + \text{순차입금(총차입금 - 현금성자산)}}{\text{당기순이익} + (\text{법인세} + \text{이자비용} + \text{감가상각비})}$$

EV/EBITDA는 PER을 보완하는 지표로, 기업 가치를 평가할 때 가장 자주 이용되는 수익성지표입니다. EV~Enterprise Value~는 기업 가치이고 EBITDA~Earnings Before Interest, Tax, Depreciation and Amortization~는 '에비따'로 불립니다. 영업이익에서 현금의 변동이 없는 감가상각비*, 무형자산 상각비**와 법인세, 이자비용을 차감하기 전의 이익입니다. EV/EBITDA는 회사가 순수하게 영업활동으로 벌어들인 이익 대비 기업 가치가 몇 배인지 보여주는 지표로, 기업이 주된 영업활동을 통해 벌어들이는 현금으로 투자원금을 회수하는 데 걸리는 시간을 알려줍니다. 예를 들어 'A기업의 가치$_{EV}$=1,000억'이고, 'EBITDA=200억'이라면 'EV/EBITDA=5', 즉 A기업은 5년이면 영업활동으로 벌어들인 수입으로 투자금을 회수할 수 있다는 것을 의미합니다. 따라서 멀티플이 낮을수록 현금창출능력 대비 '저평가되었다', 높을수록 '고평가되었다' 판단할 수 있어요.

EV/EBITDA는 '기업의 현금창출 능력'으로 기업 가치를 평가하는 지표이기 때문에 주당순이익과 주가를 비교하는 PER과는 다소 차이가 있습니다. PER을 계산할 때 사용되는 순이익에는 일회성 이익이 포함되어 있고, 실제 현금으로 지출되지 않는 회계상의 비용을 차감하여 본업인 영업활동으로 현금창출 능력을 파악하는 데 왜곡이 발생할 수 있습니다. 그리고 순이익에는 영업활동과 직접적인 관련이 없는 기업의 규모, 국가별로 차이가 있는 법인세, 채권자에게 돌아가는

---

* 공장이나 기계설비 같은 고정자산은 시간이 지날수록 장비가 노후하며 가치가 감소합니다. 고정자산 금액에서 가치 감소분만큼 조금씩 차감하면서 비용 처리하는 것을 '감가상각 처리한다'라고 표현합니다. 단, 감가상각비는 회계상 반영되는 비용으로, 현금 유출은 이루어지지 않습니다.

** 일정 사용 기간 동안 산업재산권, 영업권, 저작권 등의 무형자산을 회계적으로 비용 처리하는 것을 말합니다. 감가상각비와 마찬가지로 회계적으로 반영하는 비용으로 현금의 변동은 없습니다.

이자 비용도 고려되어 있습니다.

EV/EBITDA는 이미 발행된 주식을 사고파는 일반적인 투자보다는 기업의 인수 방식으로 대규모 투자를 할 때 사용되는 평가 방법입니다. 회사를 인수하는 것은 단순히 주식을 사고파는 것과는 다릅니다. 회사 지분을 인수한다는 것은 회사가 가진 순자산뿐만 아니라 회사의 차입금까지 모두 떠안는다는 의미니까요. 그래서 EV/EBITDA를 이용히면 PER과 달리 적자 기업의 가치도 산정할 수 있습니다.

그렇다면 왜 현금창출 능력이 중요할까요? 기업의 가치는 영업가치와 자산가치 두 가지로 나누어서 볼 수 있기 때문입니다. 기업이 아닌 상가 매입을 고민 중이라고 생각하면 좀 더 이해하기가 쉽습니다. A상가를 10억 원(은행 융자 5억 원 포함)에 매매할 수 있다고 가정해봅시다. 현재 상가 주인은 임대수익으로 매년 2억 원을 벌고 있습니다. 우리는 상가의 영업가치를 판단하는 데 있어 단순히 자산으로서 상가의 가치뿐 아니라 매년 2억 원이라는 현금흐름까지 고려해 투자를 결정할 것입니다. 'EV=10억/2억=5(년)'이기 때문에 5년이면 투자금을 회수할 수 있겠다고 판단할 거예요.

EV/EBITDA는 특히 공장이나 기계장비 등 규모가 큰 고정자산을 보유한 제조회사의 가치를 평가할 때 유용합니다. 시설 투자 규모가 큰 회사는 필연적으로 막대한 감가상각비가 발생 합하여 영업이익을 줄이게 됩니다. 실제 회사에서 현금(돈)이 나간 것은 아닌데 말이죠. 국내 대기업 중 대규모 생산설비를 보유한 회사의 가치를 평가할 때 PER만 볼 것이 아니라 EV/EBITDA를 함께 확인한다면 수익성과 현금흐름을 동시에 확인할 수 있어 현명한 투자 판단에 도움이 될 것입니다.

하지만 워런 버핏은 EBITDA에 문제를 제기하기도 했습니다. 그는 현금 유출이 없을지라도 '감가상각비'는 비용으로 보아야 한다고 말했죠. 유형자산의 감가상각이 지속적으로 발생하는 기업은 고정자산에 대한 투자가 꾸준히 필요한 기업인 경우가 많고, 인플레이션이 발생하면 피해를 본다고 지적했습니다. 또 감가상각비를 간과하는 경영자는 잘못된 결정을 내리기 쉽다고 말했죠. 투자를 판단할 때 감가상각비와 영업권 상각비는 동일시될 수 없으며, 감가상각비는 예외 없이 실질적인 비용이라는 점을 명심해야 한다고 조언했습니다.

어떤가요? 참 단순하지가 않죠. 개념 한 가지를 정리했다 싶으면 한계점이나 주의해야 할 부분이 자꾸 등장합니다. 버핏은 회계 숫자는 기업 분석을 도와주는 것이지 절대로 대신해주는 것은 아니라고 말했는데요, 재무제표를 활용해 기업의 가치를 평가하는 방법은 다양합니다. 하지만 정답은 없죠. 투자자는 내가 원하는 투자를 하기 위해 좀 더 유용하고 효율적인 방법 몇 가지를 선택하고, 필요에 따라 지표를 조정해 분석에 적용해 볼 수 있을 것입니다. 명심할 것은 어떤 방법이든 기업 가치 추정은 항상 보수적으로 해야 한다는 것입니다. 기업의 현금 유·출입 시점이나 그 규모는 적확하게 예측할 수 없기 때문입니다.

실전! 기업 가치 분석 ❺ 적자기업 가치 평가지표

$$\text{주가매출비율}_{PSR} = \frac{\text{주가}_P}{\text{주당매출액}} = \frac{\text{시가총액}}{\text{매출액}}$$

PSR$_{Price/Sales\ Ratio}$은 시가총액을 매출액으로 나눈 값으로 '현재 주가가 주당매출액 대비 몇 배인가'를 보여주는 수치입니다. PER, PBR과 마찬가지로 멀티플이 낮을수록 매출액 규모에 비해 주가가 저평가되어 있다고 판단합니다. 반대로 멀티플이 높다면 매출액 규모에 비해 주식의 가치가 고평가되어 있다고 해석할 수 있어요.

PSR은 PER로 평가하기 어려운 기업에 적용할 수 있습니다. 매출이 있으나 투자비용이 커 초반에 수익을 내지 못하는 IT신생기업, 벤처기업 등을 평가할 때 그리고 경기에 따라 순이익 변동성이 큰 기업의 가치를 평가할 때 활용됩니다. 주의할 점은 대개 PSR은 다른 지표와 함께 보완적인 투자지표로 활용된다는 것입니다. PSR은 매출액과 주가를 비교하는 지표로 비용에 대한 고려가 전혀 이루어지지 않은 지표입니다. 그래서 가령 매출액은 같지만 영업마진이 서로 다른 기업의 차이를 반영하지 못하는 문제점이 있습니다. 동종업종에 속하는 다른 기업들의 가치와 비교했을 때 PSR이 유난히 높다면 적정가치보다 높게 거래되고 있다는 뜻으로 해석하면 됩니다.

실전! 기업 가치 분석 ❻ 자본 효율 지표

$$자기자본이익률_{ROE} = \frac{순이익}{자기자본}$$

ROE는 '자기자본 대비 순이익이 얼마'인지 보여주는 지표로 기업을 평가하는 데 가장 핵심적인 평가지표로 꼽힙니다. ROE가 높을수록 가진 자기자본 대비 순이익이 높다고 해석됩니다. 기업의 경영성과를 평가하기 위해서는 단순히 순이익 규모의 크고 적음이 아닌 '효율'을 따져야 합니다. 예를 들어 자기자본 5억 원으로 1억 원의 순이익을 낸 A기업과 10억 원으로 1억 원의 순이익을 낸 B기업의 경영 성과를 동일하게 평가할 수는 없겠죠? (A기업의 ROE는 20%, B기업의 ROE는 10%입니다.) 다른 조건이 모두 동일하다고 가정하고 비교하면 A기업이 적은 자원을 효율적으로 활용해 성과를 냈다고 말할 수 있습니다. 만약 두 기업이 내년에도 동일한 경영성과를 유지한다면(ROE 비율을 유지한다면) 내년에는 A기업의 순이익이 B기업의 순이익보다 커질 것입니다.

이처럼 ROE는 부채를 포함하여 기업이 보유하고 있는 자산을 얼마나 효율적으로 사용하고 있는지 종합적으로 평가하는 지표입니다. 그런데 만약 A기업의 순이익이 지속적으로 증가하면, 분모의 자기자본이 증가해 결과적으로 ROE가 줄어들 압력에 놓이게 됩니다. '순이익 증가'와 '높은 ROE'라는 두 마리 토끼를 모두 잡기 위해서는 회사가 벌어들인 이익잉여금을 사내에 계속 쌓아두고 유보할 것이 아니라 배당금을 지급하고 자사주를 매입하는 등 주주에게 환원해야 합니다(그래야 분모의 자기자본이 크게 증가하지 않아 높은 ROE를 유지합니다). 그래서 효율성과 배당을 중시하는 투자자는 반드시 ROE 지표를 챙기죠. 장기투자자 워런 버핏은 적어도 ROE가 3년 연평균 15% 이상인 기업에 투자하는 것이 좋다고 말했습니다.

또한 ROE는 여러 투자지표 중에서 특히 중요한 지표로 손꼽히는데요, 주주가치가 창출되고 있는지 혹은 훼손되고 있는지 측정하는 지표이기 때문입니다. 결국 투자라는 것은 돈을 벌기 위해 하는 것인데 만약 모 기업의 ROE가 시중금리보다 낮다면 굳이 리스크를 감내하고 해당 기업에 투자할 이유는 없습니다. 예를 들어 은행 예금 금리가 3%인데 ROE가 2%인 기업이 있다면 이 기업은 차라리 문을 닫는 것이 나을 거예요. 아무것도 하지 않고 은행 예금으로 돈만 넣어두어도 힘들게 회사를 운영하는 것보다 더 벌게 될 테니까 말이죠.

ROE가 시중금리보다 높으면 주주가치가 창출되고 있다는 것이고, 반대로 ROE가 시중금리보다 낮으면 주주가치가 훼손되고 있음을 의미합니다. 하지만 ROE에도 한계가 있습니다. 분자의 당기순이익은 실제 현금흐름이 반영된 것이 아닌 회계상의 이익으로 왜곡될 수 있습니다. 게다가 분모의 자기자본은 인플레이션이 반영되지 않은 반면 분자의 당기순이익엔 인플레이션이 반영되어 있습니다. 즉, 경영의 효율성과 별개로 인플레이션만으로 ROE가 개선될 여지가 있습니다.

이렇게 기업의 가치를 평가하는 6가지 지표에 대한 정리를 마쳤는데요, 이제 배운 내용을 활용해 기업의 적정주가를 구해보면 됩니다!

실전! 주식투자 ❷
이렇게 사고팔면 됩니다

자, 이제 적정주가를 구해봅시다

시대가 변하면서 전통적인 의미의 사업 영역 구분이 사라지고 있습니다. 기업의 규모가 클수록, 다각화된 사업 구조를 지닌 기업일수록 실적을 추정하는 일이 단순하지 않습니다. 특히 IT 섹터 기업들의 사업 영역은 계속 진화하고 있어, 재무제표로 확인할 수 있는 각 사업 부문별 수익 구조가 다릅니다. 사업 부문별로 성장 요인이 다르고, 가치를 창출하는 요소가 다른 기업의 경우, 기업의 가치를 PER과 PBR 등의 지표로 포괄적으로 평가하고 설명하는 데 한계가 있습니다. 따라서 특히 플랫폼 기업의 가치를 평가할 때 가장 많이 사

---

* 각 부문을 개별적으로 평가한 뒤 합산해 구하는 가치평가 방식

용되는 가치평가 방식은 '부문별가치합산방식$_{\text{SOTP, Sum Of The Parts}}$' *입니다. 그러면 이제 SOTP 방식으로 관심 기업 네이버$_{\text{NAVER}}$의 밸류에이션과 적정주가를 구해볼까요?

여기서 잠깐! 우리가 다트$_{\text{DART}}$나 포털사이트에서 당장 접할 수 있는 정보는 네이버의 '과거 실적'이고, 주식창에서 확인되는 것은 '현재 주가'입니다. 그런데 우리가 궁금한 것은 앞으로의 주가, '미래 주가'죠. 미래의 주가를 추정하기 위해서는 '미래 실적'을 추정해야 합니다. 그러니까 아직 존재하지 않는 미래의 손익계산서를 추정해야 한다는 것이죠. 결국 손익계산서의 맨 위에 있는 계정과목, '매출액'부터 파악하고, '현금흐름'을 파악해 미래 EBITDA까지 추정할 수 있어야 합니다.

네이버를 분석해볼까요?

네이버의 사업 부문은 서치플랫폼, 플랫폼, 파이낸셜, 웹툰, 클라우드로 구성되어 있습니다. 사업 부문별로 수익모델이 다르고 성장률도 다릅니다. 그러니 예상 매출액, 예상 매출원가 등 이익을 추정하는 과정과 방법이 상이합니다. 예상 매출액, 순이익 등 예상 실적치에 대한 정보는 어디서 찾을 수 있을까요? '증권사 리포트'를 활용하면 됩니다. 전문적인 분석 능력을 갖추지 않은 초보 투자자가 처음부터 공시와 재무제표를 참고하여 적정주가를 구하는 것은 사실상 불가능합니다. 게다가 국내 기업의 IR 문화는 미국만큼 성숙하지 못해 개인 투자자가 투자와 관련된 정보를 기관을 거치지 않고 기업으로부터 직접적으로 접할 수 있는 기회가 거의 없습니다. 따라서 우리는 증권사의 리포트 자료를 참고하여 적정주가를 추정할 것입니다.

증권사 리포트에는 네이버의 사업 부문별 및 월별 매출액 추이, 동일 산업 내 성장률 비교, 신사업 등 투자에 필요한 정보가 나와 있습니다. 또한 애널리스트가 SOTP 방식을 이용해 네이버의 적정가치(밸류에이션)를 평가한 내용도 담겨 있습니다. 이 부분을 자세히 살펴볼까요?

서치플랫폼 사업 부문에서 2021년 예상 순이익은 9,070억 원으로 추정되었고, 목표 PER은 17.1배입니다. 멀티플은 글로벌 인터넷 포털 기업의 가중 평균(1:3)을 적용했다는 사실을 '참고' 부분에서 확인할 수 있어요. 그리고 예상 순이익과 목표 PER을 곱하여 나온 가치(검색, 뉴스 등 서치플랫폼 사업의 추정 가치)는 약 15조 2,790억 원입니다. 또 클라우드 사업 부문은 매출액에 PSR을 적용해 가치를 추정했고, 커머스 및 웹툰 사업 부문 역시 비슷하게 예상 거래액GMV에 멀티플을 반영해 사업 부문의 가치를 추정했습니다. 마찬가지로 적용된 멀티플에 대한 정보는 '참고' 부분에 자세히 나와 있습니다. 커머스 부문은 글로벌 커머스 기업의 밸류에이션을 참고했고 웹툰과 클라우드 부문은 각각 글로벌 컨텐츠 기업과 클라우

NAVER SOTP 밸류에이션

	(십억원)
네이버 총 가치	65,868
서치플랫폼 가치	15,479
12개월 예상 순이익	907
12개월 예상 매출액	3,024
순이익률 (%)	30%
목표 P/E (배) *	17.1
커머스 가치	18,352
12개월 예상 거래액	38,253
목표 거래액 대비 가치 (배)	0.5
네이버 파이낸셜 가치	6,238
월간 이용자 (백만 명)	13
이용자당 가치 (원) **	479,845
네이버 웹툰 가치	7,473
12개월 예상 거래액	1,200
적용 거래액 대비 가치 (배) ***	6.2
네이버 클라우드 가치	2,026
12개월 예상 매출액	388
적용 PSR ****	5.2
Z홀딩스 지분 가치	12,195
Z Holdings 기업 가치	47,048
현재 Z Holdings 시가총액	32,831
상장폐지 전 LINE 시가총액	14,217
지분 (%)	32.4
할인률 (%)	20.0
자산 가치	4,106
순현금	350
자사주	4,915
CJ 그룹 지분	600
할인률 (%)	30.0
발행 주식 수 (천 주)	164,813
적정 주가 (원)	399,655
목표 주가 (원)	400,000
현재 주가 (원)	292,500
상승 여력 (%)	36.8

참고: *글로벌 포털 기업 2020년-2021년 가중평균 (1:3) P/E에 30% 할인률 적용; **Ant Group의 월간 이용자 당 가치 적용; ***글로벌 컨텐츠 플랫폼 기업 2020년-2021년 가중평균 (1:3) PSR 적용; **** 클라우드 기업 2020년-2021년 가중평균 (1:3) PSR에 20% 할인률 적용
자료: Bloomberg, 삼성증권 추정

삼성증권 리포트로 네이버 분석하기

출처: 2021년 1월 6일 〈삼성증권 리포트〉

글로벌 포털 피어 P/E 밸류에이션

(배)	2020E	2021E	가중평균*
Alphabet	31.0	25.8	27.1
Baidu	22.3	21.5	21.7
평균	26.7	23.6	24.4
할인률 (%)			30.0
목표 P/E			17.1

참고: 2020년 12월 30일 기준; *2020E-2021E 1:3 가중평균
자료: Bloomberg, 삼성증권

글로벌 커머스 기업 밸류에이션

(십억원)	쿠팡	11번가	위메프	Alibaba	JD.COM	평균
기업가치*	10,800	2,750	2,800	629,683	137,554	
연간 거래액**	17,100	9,800	6,200	1,057,950	312,750	
거래액 대비 기업가치 (배)	0.63	0.28	0.45	0.60	0.44	0.48

참고: * 상장사는 전일 종가 기준, 비상장사는 최근 투자 당시 기업가치 평가액; ** 2019년 기준
자료: 각 사, 와이즈리테일, 언론자료.

파이낸셜 피어 밸류에이션

	Ant Group*	Viva Republica	Payco
기업가치 (십억달러)	313	2.6	0.6
월간 이용자 (백만명)	711	10.0	1.8
이용자 당 가치 (달러)	440	260	338
이용자 당 가치 (원)	479,845	283,400	368,380

참고: 최근 투자 유치 당시 기업가치 평가액 기준; *기존 공모가 기준
자료: 각 사, 언론자료, 삼성증권

글로벌 컨텐츠 기업 P/S 밸류에이션

	2020E	2021E	*가중평균
Netflix	9.6	8.1	8.5
Disney	5.1	4.7	4.8
China Literature	6.5	5.0	5.4
평균	7.1	6.0	6.2

참고: 2020년 12월 30일 기준; *2020E-2021E 1:3 가중평균
자료: Bloomberg, 삼성증권

클라우드 피어 P/S 밸류에이션

(배)	2020E	2021E	가중평균*
Alphabet	8.0	6.6	7.0
Amazon	4.3	3.6	3.8
Alibaba	8.2	5.9	6.5
Microsoft	11.9	10.6	10.9
KINX	4.9	4.3	4.5
평균	7.5	6.2	6.5
할인률 (%)			20.0
목표 P/S			5.2

참고: 2020년 12월 30일 기준; *2020E-2021E 1:3 가중평균
자료: Bloomberg, 삼성증권

삼성증권 리포트로 네이버 분석하기

출처: 2021년 1월 6일 〈삼성증권 리포트〉

나는 한국 반 미국 반 투자한다

드 기업의 가중평균치를 활용했습니다. 파이낸셜 부문은 중국 앤트 그룹의 월간 이용자당 가치를 활용해 가치를 추정했어요. 마지막으로 자회사 Z홀딩스는 지분율과 할인율이 적용되었습니다. 이때 적용된 할인율에 대해선 다른 언급이 나와 있지 않습니다. 참고로 할인율 10% 혹은 30%를 반영한 타 증권사의 리포트도 있습니다. 이렇게 계산된 각 사업 부문별 가치를 모두 더한 뒤 순현금, 자사주, CJ그룹 지분에 할인율 30%를 반영하여 미래 실적이 반영된 네이버의 총 기업 가치가 계산되었습니다. 그리고 이를 발행주식 총수로 나누면, 네이버의 예상 적정주가가 도출됩니다.

기업 가치를 평가할 때 특히 '주요 사업부의 기대 실적 지표'를 유심히 살펴보아야 합니다. 순수익의 50%를 차지하는 사업 부문과 10%를 차지하는 사업의 실적 변화가 회사의 가치에 미치는 영향이 다르기 때문입니다. 그리고 주요 사업 부문 이외에 신사업 부문의 성장성도 함께 살펴보세요. 계속 비용만 발생하는 것은 아닌지, 실제 이익으로 연결되는지 추적해야 합니다. 만약 산업의 성장 곡선이 충분히 가파르다면 기업 가치는 빠르게 재평가될 것이고 주가에 반영될 것입니다. 반대의 경우라면 악재로 반영되겠고요.

적정주가를 산출한 내역은 증권사 애널리스트마다 다소 차이가 있습니다. 기업의 성장에 대한 서로 다른 가정을 바탕으로 실적과 멀티플, 할인율 등이 추정되기 때문입니다.

시장 평균치와 비교해서 과도하게 실적을 추정한 것은 아닌지, 적정주가가 어떤 방식으로 산출되었는지 등을 비교하기 위해서는 최소 2~3개의 증권사 자료를 참고해야 합니다.

특히 애널리스트들이 주가를 설명하기 위해 멀티플에 '프리미엄'을 적용했을 때, 합당한지 유의해서 살펴볼 필요가 있습니다. '프리미엄'이란 웃돈을 얹어 주는 것입니다. 한 애널리스트는 "유사 기업은 멀티플 20배를 적용받는데, 해당 기업은 프리미엄을 반영하여 이보다 높은 24배를 적용받아야 한다"고 주장하기도 합니다. 만일 해당 기업이 업종 평균과 다르게 상대적인 이익성장률이 높다면 멀티플에 성장률을 반영해주는 것이 합리적일 거예요. 하지만 특정 애널리스트의 추정과 가치평가 방법이 절대적으로 옳다고 말할 수 없고, 업종의 특징뿐만 아니라 애널리스트 본인의 선호도나 목적에 따라 다른 기준을 사용할 수 있습니다. 이 점을 염두에 두고 비판적인 태도로 리포트를 읽어야 합니다. 리포트를 보는 훈련이 되고, 산업과 기업에 대한 정보가 축적된 이후에는 사업이 속한 업종 내 컨센서스 혹은 유사 기업의 밸류에이션과 시장 프리미엄을 기준으로 직접 성장률, 멀티플 값을 조정해볼 수 있습니다.

기업의 가치를 평가할 수 있는 지표 6가지와 실제 증권사 리포트를 통해 적정주가를 읽어내는 방법(SOTP 방식)까지 살펴보았습니다. 구체적인 근거 없이 단순히 느낌만으로 '삼성전자 주가 10만 원까지 갈 것 같은데…'가 아니라, '어떤 근거와 계산식에 의해 적정주가가 산출되었는지' 직접 따져 보니 어떤가요? 큰 맥락 속에서 주가가 어떻게 움직일지 스스로 판단해보는 훈련을 지속해보세요. 그래야 투자를 할 때마다 올라오는 막연한 두려움을 떨쳐낼 수 있습니다.

매일 차트만 보고, 가격 변화를 살피기만 하면 내공이 쌓이지 않습니다. 눈앞의 어려움을 마주하고 타개하려 노력하는 과정을 통해서만 성장할 수 있어요. 저 역시 맨 처음 애널리스트 리포트를 보았을 때는 이해되지 않는 것들이 많았습니다. 하지만 시간이 지나 정보와 지식이 축적되는 것을 체감했어요. 꼼꼼하게 살펴본다면 리포트 하나를 보는데도 1시간 이상이 소요될 수 있습니다. 하지만 그 시간은 점차 단축될 거예요. 현명한 투자자의 관점에서 기업을 분석하는 눈을 가지는 데 큰 도움이 될 것입니다.

그래서 언제 매수하나요?

❶ 가치>가격일 때 매수하세요

12개월 선행 실적과 멀티플을 추정해보았을 때 가격이 기업의 가치보다 저렴할 때 매수하면 됩니다. 말로는 참 쉽죠? 시작이 반입니다. 관심 기업의 증권사 리포트를 찾아보고, 애널리스트의 실적 추정치를 참고하여 기업의 가치를 평가해봅시다. 애널리스트도 자주 틀리는 분석을 내놓습니다. 따라서 초보 투자자가 배운 내용을 바탕으로 주가를 추정한다고 해도 확신을 갖고 돈을 투자하는 건 매우 어려운 일이죠.

나름대로 기업의 가치를 평가해보았는데도 투자해도 된다는 확신이 생기지 않는다고요? 당연히 그럴 거예요. 아직 경험이 충분하지 않으니까요. '확신'에도 가격이 매겨집니다. 100만 원짜리 확신이 있고, 1억짜리 확신이 있죠. 초보자의 확신은 적은 금액일 때 커지고 큰 금액일 때 작아집니다. 그리고 확신은 절대 '공부'만으로 얻어지지 않습니다. 확신은 '시간'과 '투자 경험'의 축적으로 얻어지는 것이죠. 따라서 처음엔 무조건 적은 금액으로 투자를 시작해야 합니다. 확신은 기업의 가치를 직접 추정하고 확인하는 과정으로 반복되는 훈련 속에서만 얻어집니다. 이후 확신의 가격이 커지면 그에 맞춰 투자금을 늘리세요.

❷ 'DCA 방식'으로 매수해 불안감을 떨쳐내기

초보자의 부족한 확신을 보완해주는 매수 방법이 있습니다. 바로 적금처럼 매달 일정한 금액을 적립식으로 투자하는 '정액분할 투자DCA, Dollar-Cost Averaging' 방식입니다. 혹시 비싸게 매수했더라도(가격>가치) DCA 방식으로 투자하면 수익을 낼 수 있습니다. 주가가 떨어졌을 때 더 많은 주의 주식을 매수할 수 있으며 반대로 주가가 올랐을 때는 덜 매수하여 자연스럽게 리스크를 관리할 수 있기 때문입니다. 따라서 기업 분석을 끝냈다면 매수 시기와 금액을 사전에 정해두고 DCA 방식으로 투자를 실행하기만 하면 됩니다.

DCA 방식은 3가지 장점을 갖고 있습니다.

첫째, 사전에 투자금을 정해 규칙적으로 투자할 수 있습니다. '매달 100만 원씩 투자하면 1년에 총 1,200만 원을 투자할 수 있겠다'라는 계획을 세울 수 있어요.

둘째, 시장 변동성을 내 편으로 만들 수 있습니다. 물론 초보 투자자는 주식시장이 상승하면 '더 사야 하나?', '빨리 팔아야 하나?', '언제 팔아야 하지?' 걱정하고, 주식시장이 하락하면 하락하는 대로 걱정합니다. 주식시장이 급격하게 하락하는 시기에는 주식투자 자체를 의심하고 불안에 휩싸이곤 하죠. 그러나 DCA 방식으로 투자하면 시장의 하락을 오히려 기회로 삼아 투자할 수 있어 심리적인 안정감을 얻을 수 있습니다.

셋째, 변동성에 휘둘리지 않을 수 있고 감정을 배제한 투자가 가능해집니다. 특정한 분석에 의해서가 아니라 정해진 날에 정해진 금액만큼 매수를 하는 것이기 때문에 심리적으로 흔들리지 않고 꾸준히 할 수 있습니다. 저 역시 매달 일정 금액을 설정해 DCA 방식으로 투자하고 있습니다.

"이번 주에 A기업의 주식을 주당 1만 원에 샀는데 다음 주혹은 다음 달에 2만 원으로 오르면 손해잖아요?"라고 묻고 싶은가요? 당장 내일이나 일주일 뒤 혹은 한 달 뒤에 주가가

오를지, 내릴지는 누구도 알 수 없습니다. 미래에 어떤 사건이 주식시장에 어떤 영향을 줄 것인지 알 수 없으니까요. 시장 분위기가 좋을 때, 갑자기 바이러스가 전 세계인을 집안에 가둬, 불안 요소로 작용할 수도 있고 내가 투자한 기업이 특허 소송에 휘말리거나, 경영진이 사기 혐의로 구속 수사를 받거나, 이혼 소송으로 막대한 위자료를 부담해야 하는, 예상치 못한 일이 발생할 수도 있습니다.

물론 내가 투자한 이후 주식이 올랐다면, 이는 좋은 일인데도 더 큰 돈을 투자하여 더 큰 수익을 가져가지 못한 것에 대한 아쉬운 마음이 들 수도 있을 거예요. 그럴 땐 반대의 경우를 생각해보세요. 가진 돈 전부를 써서 A기업의 주식을 주당 1만 원에 샀는데 기업 경영진이 갑질 논란에 휘말리며 며칠 만에 주가가 −30%로 하락한다면 어떨까요? 마이너스 계좌를 보며 '분할 매수할 걸…' 후회하지 않을까요? 내가 투자한 이후에 주가가 올라 수익이 조금 감소한 것을 견디는 것이 큰 손실이 난 계좌를 견디는 것보다 낫습니다.

잡은 물고기도 다시 보자! 내가 하는 투자 점검하기

초보 투자자는 주식을 사기 전까지 고민하다가 막상 귀한 돈으로 투자하고 나면 '내가 할 일은 끝났다'고 생각합니다. '내가 샀으니 이제는 무조건 올라야만 한다'는 것이죠. 하지만 결혼이 연애의 종착점이 아니라 새로운 시작인 것처럼 주식은 '사고 나면 끝'이 아니라 '샀으니 시작'입니다.

그래서 주식투자를 실행한 이후에는 지속적인 모니터링이 필요합니다. 주가는 시장이 인정한 기업의 가치로 결정되고, 시장은 실적 추정치를 바탕으로 컨센서스를 제시하며 이는 주가에 반영됩니다. 시간은 멈추지 않고 흐르고, 기업은 계속 사업을 하고 새로운 실적이 축적됩니다. 기업은 내부적으로 매일, 매주 실적이 쌓여 매월 실적 정보가 업데이트되고, 동시에 증권사 애널리스트도 새로운 정보를 반영해 해당 기업의 예상 실적 수치를 조정합니다. 그러니까 우리가 투자한 기업의 실적은 지속적으로 점검해야 합니다.

한두 달에 한 번은 증권사 리포트를 통해 월별 실적이 시장 컨센서스에 부합하고 있는지 살펴보아야 합니다(우량 기업의 경우 증권사에서 매달 리포트가 쏟아집니다). 만약 내가 투자한 기업이 코스닥의 작은 기업이라 증권사 리포트가 매달 제공되지 않는다면 최소한 분기별 추정치와 실제 실적의 차이를 확인하고, 예상대로 성장하고 있는지, 성장에 방해가 되는 장애물은 없는지 살피며 주가가 회사의 가치를 잘 반영하고 있는지 따져봐야 합니다.

조금 더 용기를 내어서 내가 투자한 기업의 주식 담당자(주담)에게 전화해 궁금점을 해소할 수도 있습니다. 처음엔 전화를 걸 때는 너무 떨리지만, 막상 전화해보면 엄청난 투자자가 된 기분이 듭니다.

Dart 애플리케이션 > 마이페이지

출처: Dart 애플리케이션

또 전자공시시스템Dart 애플리케이션을 다운 받아 '마이페이지'에 관심 기업을 추가해두세요. 이는 갑작스럽게 비정기적인 공시가 올라오는 소식을 가장 빠르게 확인할 수 있는 방법입니다. 알람 기능을 켜두면 기업 호재나 악재가 발생했을 때, 다른 투자자보다 빨리 대응할 수 있습니다.

기업이 정확한 실적을 제시하기 전에는 실적 추정치를 통해 적정주가가 제시되기 때문에 모든 애널리스트가 틀리는 경우도 있습니다. 그리고 실적이 발표되는 날, 기대감 및 예상치와 실적의 괴리 정도에 따라 주가는 크게 변동될 수 있어요. 특히 어닝 서프라이즈* 혹은 어닝 쇼크**가 발생하면 아직 반영이 되지 않은 기대치를 주가에 반영하기 위해 급등하거나 급락할 수 있습니다.

---

* 시장 컨센서스를 뛰어넘는 실적이 발표되는 것
** 시장 컨센서스를 하회하는 실적이 발표되는 것

나는 한국 반 미국 반 투자한다

한편, 현명한 투자 결정을 내리는 데는 증권사 리포트뿐 아니라 경제 신문도 큰 도움이 됩니다. 주가가 변동(하락)하는 이유는 크게 2가지로 나누어볼 수 있어요. 시장 상황이 달라져 내가 투자한 기업에는 이상이 없지만 주가가 하락하는 경우, 거꾸로 내가 투자한 기업에 문제가 생겨서 주가가 하락하는 경우죠. 주가가 상승하거나 하락할 때 그 원인이 시장에 있는지, 기업에 있는지 구분하기 위해서는 시장 동향을 알아야 하는데요, 매일 SNS를 하듯이 경제 신문을 보거나 뉴스를 볼 필요가 여기에 있습니다. '묻지마 투자'가 아니라 '알고 하는 투자'를 하고 싶다면 챙겨 보아야 할 것들을 놓치지 마세요.

시장에 정보가 너무 많아 어떤 기사를 먼저 봐야 할지 모르겠다는 초보 투자자를 위해 제가 확인하는 자료를 소개합니다.

'알고 하는 투자'에 도움이 되는 자료

1. 〈매경 이코노미〉

대학생 때부터 10년 이상 즐겨본 주간지로, 시장의 최신 트렌드 및 주도 기업에 관한 정제된 기사를 접할 수 있습니다.

2. 〈한국경제신문〉 '해외주식라운지'

해외주식에 대한 국내 투자자의 관심이 높아지며 〈한국경제신문〉에 새로 생긴 코너로, 미국 투자 인사이트를 확인할 수 있습니다.

3. 한국경제TV 〈글로벌 이슈 투데이〉

미국장(5시 30분) 마감 시황과 지난 밤의 글로벌 이슈를 가장 빠르게 접할 수 있는 뉴스입니다.

4. 〈리멤버 나우〉

직장인을 위한 경제 뉴스레터로, 명료하고 통찰력이 담긴 시장 이슈 뉴스를 확인할 수 있습니다.

그럼 언제 팔아요?

"분석해서 투자하고, 투자한 이후에 모니터링해야 하는 것도 알겠어요. 그럼 언제 주식을 팔아야 할까요?"라고 묻고 싶겠죠? 주식을 언제 팔아야 할지는 '팔아야 하는 이유'에 따라 판단할 수 있습니다.

❶ 전액 매도하세요:
펀더멘털 변화로 투자 포인트가 훼손된 경우

"10년 보유할 주식 아니면 10분도 보유하지 않는다"라고 말한 장기 투자자인 워런 버핏도 자신의 주식투자를 점검하고 실수를 발견하면 한 달 만에도 입장을 바꿔 매도합니다. 버핏은 2020년, 갖고 있던 항공주를 전액 매도하였는데요, 흥미로운 점은 2016년 항공주 투자를 시작한 뒤 코로나19 사태가 발발하여 시장이 급락한 2월 말에 델타항공 주식을 추가로 매수했고, 3월 중순 "항공주를 팔지 않겠다" 인터뷰한 뒤 한 달도 채 되지 않아 투자 판단을 뒤집어 전량 매도를 결정했다는 것입니다. 그것도 당초 매입한 가격보다 훨씬 낮은 가격에 말이죠. 버핏은 과감히 손절매를 택했습니다. 버크셔의 1분기 실적 보고서에서 497억 4,600만 달러(약 60조 8,891억 원) 손실을 냈다고 발표했습니다. 투자한 기업의 펀더멘털이 바뀌었고, 최초의 투자 포인트가 훼손되었다면 손절을 하더라도 팔아야 할 때입니다.

하지만 버핏이 매도한 이후 항공주 주가는 반등했고, 버핏은 "고령으로 판단력이 흐려졌다, 굴욕이다" 비난받기도 했죠. 정말 버핏의 판단력이 흐려진 것일까요? 버핏은 당해 5월 버크셔의 주주총회에서 항공주 투자는 실수였다며 공개적으로 인정하면서 "통제할 수 없는 사건들에 의해 항공업이 큰 타격을 받을 것"이라고 말했습니다. 그는 코로나19 사태로 항공주 기업의 펀더멘털이 악화되었고, 항공업 투자 포인트가 훼손되었다며 다음과 같이 자신의 투자 철학을 밝혔습니다. "만약 항공업계가 유망하다고 생각되면 주식을 최대한 많이 사서 장기투자했을 것이다. 투자 결정에 있어 반쪽짜리 조치를 취하는 대신 포지션을 완전히 조절하는 게 내 원칙"이라 말하며 항공주 일부가 아닌 전량을 매도한 이유를 설명했습니다.

❷ 일부 매도, 리밸런싱하세요:
포트폴리오 내 비중이 크게 바뀌었을 때

주가가 많이 올랐을 때 일부를 매도할 수 있습니다. 6개월, 1년 등 주기를 정해 주가가 많이 오른 자산을 일부 매도해 수익을 실현하고 포트폴리오 비중을 재조정하는 것을 '리밸런싱'이라 부릅니다. 예를 들어 100만 원을 삼성전자 주식으로 60%, 현금으로 40% 보유하는 투자 포트폴리오를 짜고, 주당 6만 원에 삼성전자 주식 10주를 샀다고 가정해볼까요? 이후에 삼성전자 주가가 올라서 한 주당 가격이 9만 원이 되면 100만 원이었던 자산은 130만 원이 되고, 포트폴리오에서 삼성전자 주식의 비중은 약 69%로 늘어납니다. 이때 삼성전자 주식을 일부 매도해 다시 주식과 현금 비중을 6:4로 재조정해 맞춰주는 것이 리밸런싱입니다. 연기금 같은 기관 투자자는 포트폴리오 내 투자 자산별 투자 비중을 지속적으로 재조

델타항공 주가 변동 추이

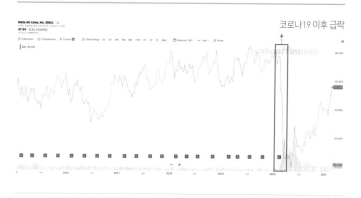

출처: 야후 파이낸스

정합니다. 가격이 올라서 비중이 커진 자산을 매도하고, 반대로 가격이 떨어진 자산을 싸게 매수해서 투자 리스크를 관리하죠.

혹시 2020년, 버핏이 애플 주식을 매도했다는 기사를 본 적 있나요? 이를 보고 버핏이 보유하고 있는 애플 주식 전량을 매도했다고 오해하면 안 됩니다. 초보 투자자는 '매도한다'라고 하면 대개 '보유한 주식 전량을 매도한다'로 생각합니다. 하지만 보유한 주식 중 '일부만 매도하는 것' 역시 매도입니다. 버핏은 애플 주식 전부를 매도한 것이 아니라 주가가 계속 올라 포트폴리오 내 비중이 커진 주식을 일부 매도해 비중을 재조정하는 '리밸런싱'한 거예요. 꾸준히 투자를 점검하고 분기별 혹은 반기별로 기간을 정해두어 포트폴리오를 재조정하면 '그때(비쌌을 때) 팔았어야 했는데' 혹은 '떨어졌을 때 더 샀어야 했는데' 후회하는 빈도를 줄일 수 있습니다.

❸ 종목을 교체하세요:
리스크 대비 더 매력적인 기업을 찾았을 때

성장이 둔화된 기업을 매도하고, 더 매력적인 투자처로 종목을 교체하는 매도 또한 할 수 있습니다.

❹ 펀더멘털 변화 대비 지나치게 높은 가격이 형성된 경우

기업의 펀더멘털 대비 주가가 지나치게 높이 올랐을 때 매도할 수 있습니다. 예를 들어 투자한 기업이 갑자기 테마주로 분류되며 펀더멘털의 변화와 무관하게 단기간에 주가가

크린앤사이언스 주가 변동 추이

미세먼지 테마주로 분류되며
한 달 만에 100% 이상 상승

나는 한국 반 미국 반 투자한다

급등하는 경우가 있는데요, 저는 6,000원대에 매수한 주식이 예상치 못하게 미세먼지 테마주로 분류되어 한 달 만에 두 배가 급등했을 때 매도했습니다. 이런 식으로 기업 가치의 변화 없이 급격하게 가격이 오른 주식은 결국엔 하락하기 마련입니다. 이런 경우 기쁜 마음으로 매도하세요.

❺ 돈이 필요할 때

'내가 돈이 필요할 때' 역시 매도해야 할 때입니다. '전세보증금에 보태기 위해서' 혹은 '학자금을 내기 위해서' 같이 개인적 이유로 투자금을 현금화해야 할 경우 주식을 매도할 수 있습니다.

자, 이렇게 국내 주식투자를 하기 위한 꼭 필요한 개념부터 실전투자를 위해 꼭 알아야 할 가치 평가 방법, 매수 및 매도 방법까지 정리했습니다. 책의 서두에서 언급한 것처럼 글로벌산업분류기준GICS, 가치평가지표는 미국 주식투자를 할 때에도 필요한 개념이니 확실히 이해하고 넘어갑시다.

Part 2

미국 주식,
어디서부터
시작할까?

주식 초보가
미국 시장에
투자해야 하는 이유

내가 미국 주식투자를 시작한 이유

제가 처음 미국 주식투자를 고려하게 된 이유는 '세금' 때문이었습니다. 저 역시 100만 원으로 처음 주식투자를 시작했을 때는 세금에 관심이 없었어요. 하지만 점차 투자금을 늘려가자 1~2년 안에 '종합과세 대상자'가 될 수 있다는 사실을 알게 되었습니다. 종합과세 대상자가 되면 2,000만 원을 초과하는 금융소득은 다른 소득과 합산, 과세되어 연 6~45%의 높은 세율을 적용받습니다.* 그래서 절세 전략에 대한 고민이 필요했습니다.

---

* 국내에서 금융소득(이자 및 배당소득)이 연 2,000만 원을 초과하면 금융소득종합과세 대상이 됩니다.

게다가 국내에서는 단계적으로 대주주 요건이 완화된다는 소식이 흘러나왔습니다. 본인과 배우자, 부모, 자녀 등의 보유분을 합쳐 한 종목을 3억 원 이상 보유하면 대주주로 분류된다는 소식이었죠.* 대주주가 되면 양도차익의 20%를 양도소득세로 내야 합니다. 세금에 관한 좀 더 자세한 내용은 뒤에서 다시 다룰 거예요.

〈들어가며〉에서 국내 주식투자와 함께 미국 시장 투자를 시작하지 않은 것을 후회한다고 밝혔습니다. 저는 국내 주식시장에 대한 애착과 미국 시장 진입장벽을 핑계로 미국 주식투자를 미루었습니다. 그래서 미국 시장의 대세상승기를 누리지 못한 아쉬움을 갖고 있습니다. 이 책을 집어 든 독자라면 이 같은 아쉬움을 느끼지 않을 수 있으니 기뻐해도 좋습니다.

처음부터 미국 주식투자를 병행해야 하는 이유

투자의 세계에도 국경이 없어졌습니다. 이 같은 트렌드에 맞게 '주식' 하면 국내 주식만 떠올리던 과거와 다르게 해외 주식 직구족이 크게 늘었습니다. '서학 개미'라는 신조어도 생겨났어요. 투자하고 싶은 좋은 기업을 찾는데 굳이 국내로

---

* '대주주 요건 3억 원' 완화 정책은 유예되었습니다. 전 국민 주식 붐이 일어난 2020년, 금융당국이 여론을 의식해 관련 정책을 재검토한 결과로 보여요.

나는 한국 반 미국 반 투자한다

한정할 필요가 없다고 생각하는 것이죠. 이러한 추세는 우리 것이 좋은 것이라며 국산 휴대폰, 국산 자동차를 애용하다가 아이폰, 수입 자동차도 많이 사게 된 오늘날의 생활 모습과도 관련이 있는 변화로 보입니다. 거리에는 현대차가 아닌 BMW를 쉽게 볼 수 있고, 최근엔 코로나19 펜데믹으로 주춤하긴 했지만 과거에 비해 해외여행이 대중화된 것 또한 사실입니다.

외국에서만 살 수 있던 유명 초콜릿이나 화장품을 이제는 국내에서도 쉽게 온라인 혹은 오프라인으로 구매할 수 있습니다. 물성이 있는 제품뿐만이 아닙니다. 많은 사람들이 거부감을 느끼지 않고 미국 기업인 구글의 유튜브를 통해 동영상을 보고, 넷플릭스로 영화를 봅니다. 국경이 사라지는 현상은 특정 제품뿐 아니라 서비스 영역에도 생겨났습니다. 외국이 더 이상 멀게만 느껴지지 않습니다. 우리도 모르는 사이에 해외 제품과 서비스가 일상 속으로 들어왔습니다. 그리고 자연스럽게 해외 투자에 대한 거부감이나 마음의 장벽도 사라졌습니다. 익숙하니까요. 그래도 여전히 미국 주식에 '투자'를 하는 것은 두려울 수 있어요. 그런 분들은 다음 이야기를 집중해서 들어주세요.

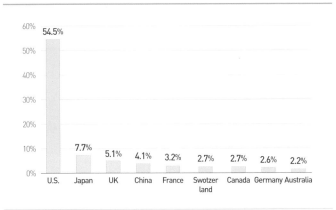

출처: statista.com

❶ 주식으로 돈을 벌려면 '세계 최대 규모'로 눈을 돌리세요

미국의 경제 규모는 전 세계에서 가장 큽니다. 전 세계 상장 주식 시가총액의 약 54.5%가 미국 시장입니다(2020년 기준). 2위인 일본과 7배 이상 차이가 나니, 압도적 1위인 셈이죠. 글로벌 주식시장을 하나의 기업으로 본다면 지분이 가장 많은 미국이 최대 주주가 됩니다. 기업에서 최대 주주의 영향력이 가장 큰 것처럼 미국 시장을 빼고 글로벌 주식시장을 논할 수 없습니다. 전 세계 금융시장에 미치는 영향력은 말할 것도 없고요. 이에 비해 국내 주식시장의 규모는 2%가 채 되지 않습니다. 국내 주식시장은 상대적으로 규모가 작아 국제정세에 휘둘릴 수밖에 없겠죠?

'빈익빈부익부貧益貧富益富'는 주식시장에도 적용되는 말입니다. 옛말에 돈을 벌려면 서울로 가야 한다는 말이 있습니다. 주식시장을 통해서 큰 규모의 자금을 조달하고 싶은 기업들은 당연히 미국으로 갑니다. 그래서 미국 주식시장에는 미국 자국 내 우수한 기업뿐 아니라 전 세계의 경쟁력 있는 기업들이 상장을 위해 몰려옵니다. 우수한 기업이 많은 투자 기회의 맛집으로 소문났으니 또 다시 투자자들과 투자금이 몰리겠죠? 이런 식으로 선순환이 이루어집니다.

국내 개인 투자자들이 삼성전자가 미국 시장에 상장했으면 지금보다 더 후하게 평가받았을 거라고 아쉬움 가득 섞인 이야기를 하는 이유가 여기에 있습니다.

지난 10년 동안 미국 다우존스 지수와 코스피 상승률을 비

다우존스 지수와 코스피 지수 상승률 비교

출처: 야후 파이낸스

교해볼까요? 코스피가 70.73% 상승할 때 다우존스 지수는 190.90% 상승했습니다.* 2배 이상 높은 수치죠.

또 한편, 삼성전자가 400% 상승할 때 애플은 1,600% 상승했어요. 국내에서만 투자 기회를 찾지 말고 시야를 조금만 넓히는 게 어떨까요? 더 큰 기회를 놓치지 않도록 말이에요.

❷ 미국 주식시장에는 '투명한 정보 공개', '강한 규제'가 있어요

미국은 투자에 필요한 정보가 기관 투자자와 개인 투자자에게 투명하게 공개되어 있습니다. '선진화된 금융 제도'와 '투명한 정보 공개'는 미국 시장이 가진 큰 장점입니다. 국내만 해도 공시 관련 법령이 따로 없어 한국거래소가 자율적으로 규제합니다. 반면 미국은 관련 법에 따라 정부가 강하게 규제하고 있죠. 미국에서 기업은 주요 경영진이 횡령, 배임 등 일탈 행위를 저질러 주가가 크게 출렁이면 확실한 물리적 압박을 받습니다. 경영진이 주주를 의식할 수밖에 없는 제도적 환경이 갖추어져 있는 셈이죠. 2007년 파산한 에너지 기업 엔론의 CEO, 제프리 스킬링은 대규모 분식회계를 주도해 24년 4개월의 징역형을 받았고, 상장회사 임원, 이사직 자격을 영구적으로 박탈당했습니다.

---

* 2010년 1월 1일~2020년 12월 31일 기준

나는 한국 반 미국 반 투자한다

일론 머스크의 트윗
출처: twitter

또 다른 예도 살펴볼까요? 2018년 테슬라의 CEO 일론 머스크는 트윗 한 줄로 강한 징계를 받았습니다. 당시 일론 머스크는 "주당 420달러에 상장폐지를 고려한다"라고 트윗을 올렸고, 이후 테슬라 주가는 6% 이상 급등하며 크게 출렁였습니다.

미국 금융당국의 조사가 시작됐고, 증권거래위원회$_{SEC}$가 테슬라 임원들에게 소환장을 보냈습니다. 이 일로 일론 머스크는 이사회 의장직에서 물러나게 되었고 투자자 기만 등 증권사기 혐의로 벌금 2,000만 달러(한화로 200억이 넘는 액수)를 물었습니다.

이런 미국의 사례는 우리나라와 크게 다른 모습입니다. 2008년 국내 모 대기업 회장이 1조 5,000억 원의 분식회계를 저질러 부당이익을 취한 사례가 있었습니다. 이 일로 모 대기업 회장은 징역 3년, 집행유예 5년을 선고받고 세 달 만에

광복절 특사로 사면되었습니다. 2013년, 국내 모 바이오 기업의 회장이 주가 조작 혐의 등으로 구속되어 재판을 받았으나 그 역시 징역 3년, 집행유예 4년을 선고받고 풀려난 뒤, 곧바로 회사로 복귀하였습니다. 해당 기업의 대표 역시 트위터를 통해 연구 현황에 관해 이야기해, 해당 기업 주식이 다음날 상한가를 기록하는 등 주가에 분명한 영향을 주었지만 별다른 제재를 받지 않았죠. 이 기업의 대표는 이후 또 다시 주가 조작 혐의로 구속기소되었지만 무죄 판결을 받고 풀려났습니다. 만약 두 기업이 미국에 있었더라도 같은 결과가 나왔을지 궁금합니다. 투자자의 권익을 보호하기 위한 미국의 강력한 조치가 미국 자본 시장을 성장시키고 있죠.

미국 시장의 기업은 기업 활동IR, Investor Relation에 적극적입니

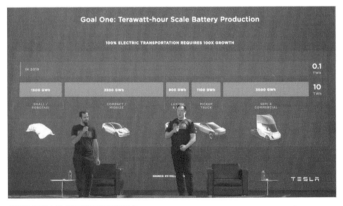

2020년 테슬라 배터리데이 라이브

2019년 버크셔해서웨이 주주총회 라이브

다. 모든 정보가 투명하게 공개되어 있고, 공시가 부실하거나 경영진 및 이사회의 일탈 행동이 발생하면 SEC와 투자자가 적극적으로 응징하는 문화는 미국 주식시장 내 개인 투자자에게 중요하고 큰 강점으로 작용합니다.

기업에 관한 정보 제공에 있어, 미국 전자공시시스템 'EDGAR'를 통해 전달되는 공시자료뿐만 아니라 누구나 볼 수 있는 다양한 IR 자료가 공개됩니다. 분기마다 기업 경영진이 직접 가이던스*를 제시하고, 실적을 발표하는 실적발표 컨퍼런스(어닝콜Earnings Call)가 끝나면 발표 내용이 담긴 오디오 파일과 녹취록Transcript이 온라인으로 공개됩니다. Q&A 세션을 통해 애널리스트가 경영진에게 질의응답한 내용도 담겨 있어

---

* 경영진이 직접 제시하는 실적 전망치

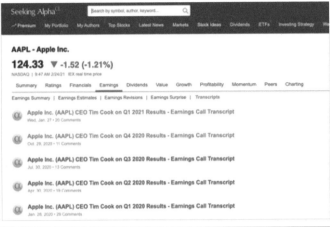

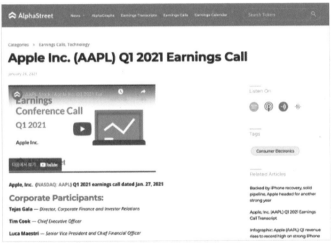

2021년 애플의 어닝콜 자료

출처: 시킹알파, Alphastreet

요. 그러니까 마음만 먹으면 현장에 직접 가지 못하거나, 해외에 거주하는 개인 투자자도 방 안에서 투자 정보를 접할 수 있습니다.

투자자의 날_{Investor Day}, 애널리스트의 날_{Analyst Day} 같은 다양한 이벤트를 통해 투자자와 적극적으로 소통하죠. 국내 투자자에게 유명한 테슬라의 배터리데이_{Battery Day}는 테슬라가 투자자에게 현재 보유한 배터리 기술에 관한 로드맵을 발표하는 자리입니다. 미국에선 테슬라의 수장 일론 머스크가 직접 기업의 미래에 관해 발표하고, 90세가 넘은 워런 버핏이 직접 주주총회에 참여해 주주들에게 기업의 성과를 공유하는 일이 당연한 일로 여겨집니다.

❸ 주주친화적 문화: 배당지급과 자사주 매입

미국의 기업 경영자는 기업의 이윤 극대화뿐만 아니라 주주 이익 극대화를 목표로 기업을 경영합니다. 회사가 경영상 중요한 결정을 내릴 때 기업의 생존과 성장은 물론이고 주주의 이익을 최우선적으로 고려하죠. 이를 증명하듯 영업활동을 통해 벌어들인 이익을 주주들과 나누는 것을 당연하게 여기는 문화가 자리 잡혀 있습니다. 현재 미국 S&P500 지수에 포함된 500개 기업 중 400개 이상의 기업이 주주에게 배당금을 지급합니다. 기업들은 자사주 매입을 통해 주주가 보유한 주식의 가치를 높여 왔습니다. 역사적으로 미국 시장에서 자사주 매입 규모와 배당금 규모는 S&P500 시가총액과 함께 상승해왔습니다.

반면 한국 시장은 미국 시장처럼 주주친화적인 문화가 자

미국 주식시장 내 배당금 규모

—— S&P500 시가총액 —— 자사주 매입 규모 —— 배당금 규모

2020년 7월 22일 자료   출처: www.spglobal.com

리 잡지 못했습니다. 국내 기업은 주주들에게 이익을 환원하기보다 내부에 현금을 쌓아두는 경향이 있어 상대적으로 사내 유보율*이 높고 배당성향**이 낮은 편입니다. 국내 기업의 배당성향은 20% 남짓으로 OECD 국가들의 평균 배당성향 40~50%와 비교할 때 절반 수준이라고 할 수 있어요.***

하지만 최근 국내 10대 기업을 중심으로 살피면 배당금 지급을 늘려 배당성향이 증가하는 등 변화의 조짐이 보이고 있습

---

*   이익잉여금÷자산총계×100. 기업 내부에 쌓아둔 이익잉여금의 비율.
**   기업이 영업활동으로 벌어들인 당기순이익 중 현금으로 지급된 배당금 총액의 비율. 배당성향(%)=배당금총액÷당기순이익×100
*** 〈배당정책 관련 연기금의 역할과 과제〉(한국경제연구원, 2015) 참조

나는 한국 반 미국 반 투자한다

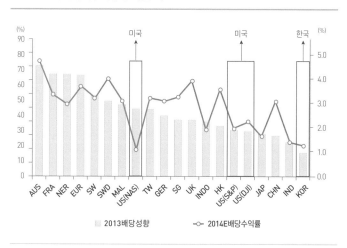

국가별 배당성향 및 배당수익률 비교

■ 2013배당성향   ─○─ 2014E배당수익률

출처: Bloomberg

니다.

물론 단순히 배당을 많이 주면서, 자사주를 매입하는 기업은 무조건 주주친화적인 기업이고, 그렇게 하지 않는 기업은 주주의 이익을 고려하지 않는 기업이라 평가하는 것은 옳지 않아요. 코카콜라나 버라이즌처럼 식음료, 유틸리티 등 성숙기에 접어든 섹터에 속하는 기업은 배당금을 지급하거나 자사주를 매입하는 등 주주들에게 이익을 나눔으로써 주주 이익을 극대화할 수 있습니다. 반면 테슬라와 같은 성장주로 분류되는 기업은 이익으로 배당하기보다 재투자를 통해 동일 산업 내에서 경쟁력을 키우고, 기업 가치를 높이는 방향이 오히려 주주친화적인 결정이 될 수 있습니다.

❹ 미국의 통화는 안전자산이자 기축통화인 '달러'

우리나라가 중동에서 원유를 수입한다고 가정해봅시다. 원유를 중동의 화폐 혹은 우리나라 원화로 결제할까요? 그렇지 않습니다. 기축통화인 '달러'로 결제하죠. 기축통화란 국제 사회에서 자본·무역 거래 시 사용되는 결제 통화를 말합니다. 미국은 세계 1위 패권 국가이자 기축통화국입니다.

자국 화폐가 기축 통화일 때는 어떤 이득이 있을까요? 미국은 전 세계를 대상으로 '시뇨리지$_{seigniorage}$' 효과를 누립니다. 시뇨리지란 '화폐의 주조차익'을 말합니다. 예를 들어 미국 중앙은행이 100달러의 화폐를 발행하는 데 드는 비용이 20센트라고 하면, 단순 계산으로 100달러를 발행할 때마다 99달러 80센트의 주조차익이 발생합니다. 따라서 자국 화폐를 찍어내는 모든 중앙은행이 시뇨리지 효과를 누립니다.

그렇다면 중앙은행이 화폐를 많이 발행할수록 시뇨리지 효과가 극대화되니 좋은 것일까요? 아니요, 그렇게 단순하지 않습니다. 화폐 발행으로 통화량이 증가하면 물가 상승과 자

Denomination	Printing Costs
$1 and $2	7.7 cents per note
$5	15.5 cents per note
$10	15.9 cents per note
$20	16.1 cents per note
$50	16.1 cents per note
$100	19.6 cents per note

화폐의 주조차익

출처: www.federalreserve.gov

나는 한국 반 미국 반 투자한다

코스피와 원달러환율 비교 차트

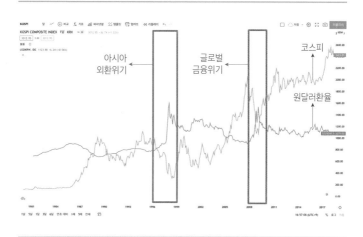

출처 : tradingview.com

국 화폐 가치 하락이라는 부작용이 발생합니다. '인플레이션'
을 발생시키는 것이죠. 하지만 우리나라의 원화가 국내에서
한정적으로 유통되는 것과 달리 미국의 달러는 전 세계에서
통용되며, 경제가 악화할수록 수요가 늘어나는 안전자산에
해당합니다. 따라서 미국은 전 세계를 대상으로 시뇨리지 효
과를 가장 크게 누리는 국가가 됩니다.

 게다가 미국은 국가 부도를 걱정할 필요가 없습니다. 경상
적자, 재정적자가 아무리 늘어도 말이죠. 만약 미국이 자국
통화인 달러가 아니라 다른 국가의 통화로 대규모 채권을 발
행하면 문제가 발생할 소지가 있습니다. 하지만 미국은 자국
통화인 달러로 채권을 발행합니다. 그리고 위기가 닥치면 전

세계의 투자자는 물론 각국의 중앙은행이 미국 국채를 사들입니다. 따라서 안전자산인 미국 국채를 안전자산인 달러로 매입하려는 수요가 존재하기 때문에 미국은 대규모로 재정 및 무역적자를 내면서도 달러 가치를 유지하고, 부도를 걱정하지 않을 수 있어요. 이는 기축통화국의 특권입니다.

따라서 기축통화인 달러 자산을 보유하면 위기 때 자산을 보호하는 쿠션 효과를 누릴 수 있습니다. 역사적으로 1997년 외환위기 땐 원달러환율이 1달러당 2,000원에 근접했고, 2008년 미국발 금융위기로 경기 충격을 받았을 때도 외국인 투자자의 자금이 이탈되며 환율은 1,600원에 근접했습니다. 당시 코스피는 크게 하락했어요. 게다가 환차익은 '비과세'입니다.

이렇게 미국 주식투자를 꼭 해야만 하는 4가지 이유에 대해 알아보았습니다. 여전히 미국 주식투자가 망설여지나요? 미국 투자를 가로막는 장벽을 마주하고 깨뜨려봅시다.

나는 한국 반 미국 반 투자한다

미국 주식투자를
망설이게 하는
3가지 장벽

미국은 잘 모르고, 영어도 잘 못해요

미국 주식투자를 가로막는 첫 번째 장벽은 '언어'와 심리적 장벽입니다. 한국어로 된 자료를 보고 기업을 분석하는 것도 어려운데 영어로 된 뉴스나 공시 정보를 읽는 것은 상상조차 되지 않는다고요? 저 역시 처음에 영문으로 된 SEC 홈페이지 화면을 보는 것만으로 어지럼증을 느끼기도 했습니다. 하지만 요새는 구글 번역기, 네이버 파파고 등 번역 도움을 받을 수 있는 것들이 많아요. 또 구글 크롬 브라우저를 활용하면 손쉽게 클릭 한 번으로 영어를 한국어로 번역해 볼 수 있답니다.

그리고 언어의 장벽은 심리적 장벽으로 확대됩니다. 사람은 내가 자란, 그래서 잘 아는 모국 시장에 투자할 때 심리적 안정감을 느낍니다. 이를 '모국편향Home Bias'이라 합니다. 그래서 '우리나라에도 좋은 기업이 많잖아? 굳이 친숙하지 않은 타국의 기업의 주식을 사고 싶지 않아' 생각할 수도 있어요. 국내에 있는 주식투자자의 주식투자금 총액 대비 국내 주식 투자금 비중은 79%입니다. 모국편향은 우리나라 투자자에게만 국한된 이야기가 아니며 다른 많은 국가에서도 발견되는 현상입니다.

그러나 투자 기회를 국내로 제한해 더 큰 기대수익을 얻을 수 있는 기회조차 없애는 것은 현명한 선택이라 말할 수 있을까요? 다행히 미국 시장은 상대적으로 국내 투자자에게 익숙한 시장입니다. 우리는 아이폰으로 유튜브나 넷플릭스를 보

국가별 주식시장 모국편향 비교

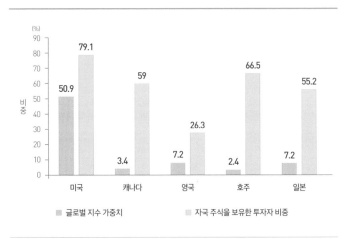

나는 한국 반 미국 반 투자한다

며 나이키 운동화를 신고, 맥도날드에 가서 햄버거와 코카콜라를 먹고 후식으로 스타벅스에서 커피를 마십니다. 세계화로 미국 기업의 제품이나 서비스가 국내 소비자의 삶에 깊숙이 들어왔습니다. 따라서 심리적 장벽만 극복한다면 미국 시장 투자, 지금 바로 시작할 수 있습니다.

미국 주식, 세금이 너무 비싸지 않나요?

국내 주식투자와 미국 주식투자는 '세금 구조'가 다릅니다. 국내 주식에 투자할 때는 매도 시 0.25%의 거래세가 부과되며 차익에 대해선 세금이 부과되지 않습니다. 반대로 미국 주식은 거래세가 존재하지 않는 대신 매도 차익에 과세합니다. 최근 국내 시장에서도 거래세를 단계적으로 인하하고, 양도소득세를 부과하는 방향으로 바뀌어야 한다는 법 개정 논의가 이루어지고 있어요.

❶ 양도소득세와 가산세

해외 주식에 투자해 매매차익이 발생한 경우 양도소득세 22%*를 내야 합니다. 한 해 동안 매도한 주식의 이익과 손실을 합산해 '250만 원'까지는 세금을 면제해주고, 초과한 금액에 대해서 22%의 양도소득세가 부과됩니다. 예를 들어 올해

---

* 20%+지방소득세 2%

해외 주식 양도소득세

항목	내용
양도소득세	22% 지방소득세(양도세율의 10% 포함)
공제	연 250만 원
납부 기간	매도가 발생한 다음 해 5월 한 달간
과세 분류	분류과세
가산세	(미신고 시)가산세 20% (과소신고 시)가산세 10% (납부 불성실 시)일 0.03%

출처: fdata.kbsec.com

미국 주식에 투자하여 550만 원의 수익이 발생했다면, 다음 해에 250만 원을 제외한 나머지 300만 원에 대해 66만 원(300만 원×22%)을 양도소득세로 납부하면 됩니다.

매년, 1월 1일부터 12월 31일간 매도한 내역에 대한 양도소득세를 다음 해 신고 기간 내(5월 1일~5월 31일) 자진 신고하고, 납부해야 합니다. 양도차익이 250만 원 이하로, 소득을 적게 신고할 경우 10%, 신고하지 않을 경우 20%의 가산세가 부과되며, 신고 후 납부를 하지 않을 경우 '산출세액×0.03%×미납일수'만큼 가산세가 부과됩니다.

따라서 매년 5월은 가족의 달인 동시에 해외 주식 양도소득세 신고 및 납부를 해야 하는 달로 꼭 기억해주세요. 그리고 투자금이 큰 투자자라면 양도차익이 확정되는 연말에 예상 양도소득세를 미리 준비해두었다가 다음 해 5월, 여유 있

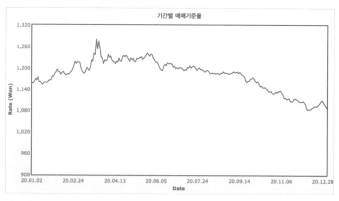

서울외국환중개 매매 기준율

출처: finance.yahoo.com

게 납부하는 것이 좋습니다.

양도소득세를 산정할 때는 '취득일'*과 '양도일'**의 '기준환율'***이 적용됩니다. 즉 주식 결제 대금이 계좌로 입금 혹은 출금되는 날의 기준환율을 적용하여 원화로 계산됩니다. 처음 미국 주식투자를 시작할 때는 환율 때문에 양도소득세 계산이 특히 어렵게 느껴집니다.

환율 변동이 양도차익에 어떤 영향을 주는지 3가지 사례를 통해 살펴봅시다.

* 주식을 매수한 대금이 결제되는 날
** 주식을 매도한 대금이 결제되는 날
*** 서울외국환중개에서 고시하는 매매기준율

환율 변동과 양도차익

예를 들어 한 해 동안 A주식을 100달러에 매수하여 120달러에 매도하였을 때(+20%), A주식 취득일의 기준환율이 1,000원, 양도일 환율이 1,100원(+10%)이라면 양도차익은 주가변동 수익에 환차익이 합산되어 320만 원이 됩니다.

① 환율 상승 시 양도차익-매매 수익이 발생한 경우

구분	매수	매도
주식 가격(P)	$100	$120
기준환율	1000원	1100원
원화 환산 거래 금액	10,000,000원	13,200,000원
양도차익	-	3,200,000원(+32%)

※ 거래수량(Q) = 100주
※ 원화 환산 거래 금액 = P × Q × 기준환율

한편, 주가변동 수익이 20%로 동일하지만 환율이 하락해 취득일 환율이 1,000원, 양도일 기준환율이 900원(-10%)이 된다면 양도차익은 80만 원이 됩니다.

② 환율 하락 시 양도차익-매매 수익이 발생한 경우

구분	매수	매도
주식 가격(P)	$100	$120
기준환율	1000원	900원
원화 환산 거래 금액	10,000,000원	10,800,000원
양도차익		800,000원(+8%)

※ 거래수량(Q) = 100주
※ 원화 환산 거래 금액 = P × Q × 기준환율

③ 환율 상승 시 양도차익-매매 손실이 발생한 경우

구분	매수	매도
주식 가격(P)	$200	$190
기준환율	1000원	1100원
원화 환산 거래 금액	20,000,000원	21,450,000원
양도차익		1,450,000원 (+7.25%)

※ 거래수량(Q)=100주
※ 원화 환산 거래 금액=P×Q×기준환율

혹은 B주식을 200달러에 매수해 190달러에 매도했지만(-5%), 양도일의
기준환율이 1,100원 취득일보다 10% 상승하면 양도차익은 145만 원이
됩니다.

이번에는 투자자 C가 투자자 D보다 좋은 조건(C: 1달러
=900원, D: 1달러=1,050원)으로 환전을 했다고 가정했을 때 두
투자자의 양도차익을 살펴볼까요?

환차익과 양도차익

투자자 C와 투자자 D는 A주식을 동일한 가격에 매수하여 매도했습니
다. 그러나 환전으로 인한 환차익을 더하면 실제 C의 매매차익은 420만

원(1,320만 원-900만 원, +42%)인 반면 D는 270만 원(1,320만 원-1,050만 원, +27%)이 됩니다. 그렇다면 C와 D의 양도차익이 달라질까요? 양도차익 과세표준을 산정할 때 환전에 의한 환수익이나 환손실은 반영되지 않습니다. 따라서 C가 D보다 실제로 더 많은 매매차익을 얻었어도 양도차익 과세표준은 동일하게 320만 원이 됩니다(계산의 편의성을 위해 제비용은 고려하지 않았습니다).

투자자 C와 투자자 D의 매매차익, 양도차익

	매수		매도	
	투자자 C	투자자 D	투자자 C	투자자 D
환전환율	900원	1,050원	-	-
주식가격(P)	$100	$100	$120	$120
원화 환산 거래 금액	10,000,000원	10,000,000원	13,200,000원	
양도차익			3,200,000원 (+32%)	3,200,000원 (+32%)
실제 매매차익			4,200,000원 (+42%)	2,700,000원 (+27%)

※ 거래수량(Q)=100주

정리하자면 환차익 중 개인이 외화를 환전함으로써 발생하는 환차익은 과세 대상이 아닙니다. 그러니까 미국 주식을 매수하기 위해 원화를 외화로 환전하는 환율 차이, 이후 주식을 매도하여 입금된 외화를 다시 원화로 환전하는 처리일 사이에 발생한 (환율 변동에 의한) 수익이나 손실은 양도소득세에 영향을 주지 않습니다.

그리고 양도소득세는 해당 연도에 발생한 모든 거래의 손익을 합산(거래 수수료 및 세금도 합산)해 양도차익이 발생한 경우에 납부하게 됩니다. 그러니까 한 개 이상의 증권사 계좌로 투자를 하고, 미국, 중국 등 다양한 국가의 해외 주식을 거래하는 경우 모든 금융기관의 해외 거래 내역을 합산해 양도소득세를 계산해야 합니다.

벌써부터 '미국 주식투자로 수익이 나면 매년 양도소득세는 어떻게 계산하지?' 머리가 복잡하고 걱정되시나요? 너무 걱정하지 않아도 됩니다. 대부분의 증권사 HTS에서 손쉽게 주식매매 내역과 산정된 양도소득세를 조회할 수 있습니다. 게다가 증권사에서 보통 3~4월에 접수 받아 저렴한 가격 혹은 무료로 이용할 수 있는 해외 주식 양도소득세 신고 대행 서비스를 제공하고 있습니다.

그리고 양도소득세는 분류과세*된다는 사실! 다른 소득과 합산되지 않고 독립적으로 세액이 결정됩니다. 즉, 양도차익으로 아무리 많은 돈을 벌더라도 250만 원을 제외한 금액의

삼성증권 해외 주식 양도소득세 조회 화면

* 다른 소득과 구별해 별도로 과세하는 방식

22%만 세금으로 납부하면 됩니다. 이 때문에 근로소득이 큰 고소득자가 '절세'를 고려해 해외 주식투자를 선호하는 경향이 있죠.

❷ 배당소득세

미국 주식의 배당소득세는 '배당금의 15%'이며 미국에서 원천징수됩니다. 예를 들어 미국 회사에서 100달러를 배당금으로 지급하면, 15달러가 원천징수되어 85달러가 내 계좌로 입금됩니다. 알아서 세금이 계산되어 납부되니 양도차익처럼 신고하고 납부하는 수고가 필요하지 않아요.

배당소득은 이자소득과 함께 금융소득으로 분류되며, 금융소득이 연 2,000만 원을 초과하지 않는 경우 분리과세*로 납부 의무가 종결됩니다. 하지만 금융소득이 2,000만 원을 초과하는 경우 근로소득, 사업소득 등 다른 소득과 합산 과세됩니다. 종합소득으로 과세되면 다른 소득과 합산되어 누진세율**이 적용되는데요, 이때 종합소득 금액이 증가해 소득 구간이 달라지면 소득세가 급격히 늘어나 세금 부담이 늘어날 수 있습니다. 따라서 고소득자이면서 금융소득이 2,000만 원을 초과한다면 반드시 '투자 시 발생하는 세금'을 고려

---

* 다른 소득과 합산하지 않고 소득이 지급될 때 소득세를 원천징수하여 과세를 종결하는 방식
** 과세표준 금액이 증가함에 따라 적용되는 세율이 높아지는 구조

종합소득세율

과세표준	세율
1,200만 원 이하	6%
1,200만 원 초과~4,600만 원 이하	15%
4,600만 원 초과~8,800만 원 이하	24%
8,800만 원 초과~1억 5,000만 원 이하	35%
1억 5,000만 원 초과~3억 원 이하	38%
3억 원 초과~5억 원 이하	40%
5억 원 초과~10억 원 이하	42%
10억 원 초과	45%

해 투자 포트폴리오를 구성해야 합니다.

예를 들어 근로소득이 1억 원인 직장인 A의 해외 주식 배당금을 포함한 금융소득이 3,000만 원이라고 해봅시다. 금융소득이 2,000만 원을 초과했으니 A는 금융소득 종합과세 대상자가 됩니다. 그러면 A는 2,000만 원을 초과한 1,000만 원에 대하여 추가 세금을 납부해야 합니다. 이때, 단순히 금융소득 1,000만 원에 대한 세금만 내는 것이 아니에요. 근로소득과 합산한 종합소득으로 과세됩니다. 따라서 연말정산 시 A의 과세표준이 9,000만 원이라고 할 때, 과세표준 9,000만 원+금융소득 1,000만 원=1억 원이 과세표준이 되어 '누진세율 35%'가 적용됩니다. 단, 주의해야 할 점은 종합과세 여부를 판단할 때 원천징수 이전의 배당금 총액이 기준이 된다는 것입니다. 그러니까 내 계좌에 입금된 총 배당금이 1,900만 원이어도 원천징수된 세금 금액을 더하면 2,000만 원이 초과되기 때문에 종합과세 대상이 됩니다. 따라서 A는 5월에 1,000만 원×35%=350만 원에서 이미 원천징수로 납부한 세금을 제외한 나머지를 납부하면 됩니다.

미국의 배당소득세 세율은 15%로 국내 세율 14%보다 높아 추가로 원천징수하지 않으며, 추가로 징수한 1%의 소득세에 대해서는 환급해주지 않습니다. 단, 배당소득세가 국내(14%)보다 낮은 세율로 원천징수되는 국가에서 배당금을 수령하는 경우에는 그 차이만큼 국내에서 추가로 원천징수됩니다. 참고로 국내 기업에서 배당금을 수령할 때는 14%에 주민세 1.4%를 더하여 15.4%가 원천징수됩니다.

❸ 미국 주식 거래비용

미국 주식 거래비용은 크게 국내 증권사에서 가져가는 거래 수수료와 유관비용 두 가지로 분류됩니다. 거래 수수료는 증권사마다 차이가 있지만 MTS, HTS 거래 대금을 기준으로 평균 0.25%가 부과됩니다. 하지만 최근 증권사들이 고객 유치를 위해 수수료 할인 또는 무료 이벤트를 하고 있으니 계좌를 개설하기 전에 미리 혜택을 확인하면 좋겠죠?

거래 유관비용은 매수, 매도 시에 부과되는 '미국 주식 전산거래비용ECN Fee'과 매도 시에만 부과되는 '미국증권거래위원

나는 한국 반 미국 반 투자한다

미국 주식 거래비용 계산 예시

구분	매수 시	매도 시
거래금액×체결수량	100$×10주=1,000$	100$×10주=1,000$
거래수수료(0.25%)	1,000$×0.25%=2.5$	1,000$×0.25%=2.5$
ECN Fee	10주×0.003$=0.03$	10주×0.003$=0.03$
SEC Fee	-	1000$×0.0000051$=0.0051$(최소 부과액 0.01$)
총 거래비용	2.53$	2.54$

※ [ECN Fee=체결 수량×$0.003]
　[SEC Fee=매도액×$0.0000051(2021.02 기준)]

회 수수료$_{SEC\ Fee}$'가 있습니다. 'SEC Fee'는 수시로 변동될 수 있는데요, 최소 부과액은 0.01달러입니다. 즉, 예시처럼 SEC Fee가 0.0051달러로 계산되어도 0.01달러가 부과됩니다.

환율 알아야 한다는데… 여전히 모르겠어요!

미국 주식은 달러로 사야 합니다. 그래서 원화가 달러로 환전되는 과정이 필요하죠. 국내 주식투자는 주가의 등락에 의해 수익이 결정되는 반면 미국 주식투자는 주가 등락과 환율 변동이라는 추가적인 변수가 수익에 영향을 줍니다. 주식을 싸게 사는 것이 중요한 만큼 달러를 싸게 사는 것도 중요합니다. 예를 들어 주가가 10% 올랐지만 반대로 환율이 −12% 하락했다면 내 자산의 달러평가손익은 +10%이지만 원화평가손익은 −2%가 됩니다. 반대로 주가가 5% 상승하고 환율이 5% 상승했다면 원화평가손익은 10%가 됩니다.

달러를 싸게 사기 위해서는 환율의 원리를 파악할 필요가 있습니다. 환율이란 무엇일까요? 환율은 서로 다른 국가의 돈을 교환하는 비율입니다. 독일 베를린으로 여행 가서 햄버거를 사려면 원화가 아니라 유로화로 결제해야 합니다. 서울에 놀러 온 외국인이 식당에서 밥을 먹고 계산을 할 땐 원화로 값을 지불해야 하고요. 원화를 유로화로 바꿀 때 혹은 유로화를 원화로 바꿀 때의 교환 비율이 바로 환율입니다.

그런데 환율은 고정적이지 않습니다. 각국의 경제 및 시장 상황에 따라 교환 비율이 달라지죠. 일반적으로 국가의 힘이 강할수록 통화의 가치가 상승하고, 다른 국가 통화에 더 큰 영향력을 미칩니다. 그래서 우리나라의 원화는 미국 달러에 영향을 주기보다 오히려 종속적으로 미국 달러에 영향을 받는 입장입니다. 즉, 달러가 강해질수록 원달러환율이 오르고, 반대로 약해질수록 환율은 내려갑니다.

그렇다면 달러의 평균적인 힘이 강한지 약한지 어떻게 확인할 수 있을까요? 바로 '달러 인덱스'를 통해 알 수 있습니다. 달러 인덱스는 주요 통화 대비 달러의 강도(가치)를 보여주는 지표입니다. 각 통화의 비중은 그 국가의 경제 규모에 따라 결정되며 달러 인덱스에 가장 큰 영향을 주는 통화는 유로화입니다. 대개 100을 기준으로 100을 초과하면 달러 강세, 이하인 경우 달러 약세로 해석됩니다. 미국 역사상 달러

달러 인덱스 차트

글로벌 금융위기 때
급락한 달러 인덱스

출처 : tradingview.com

달러 인덱스 가중치

단위 : %

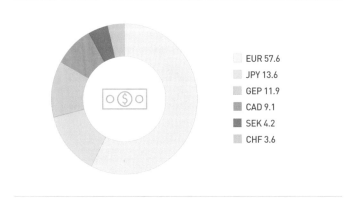

- EUR 57.6
- JPY 13.6
- GEP 11.9
- CAD 9.1
- SEK 4.2
- CHF 3.6

인덱스가 가장 낮았던 시기는 2008년 글로벌 금융위기 때이며, 당시 달러 인덱스는 70.69까지 하락했습니다.

미국 주식시장의
모든 것

미국을 대표하는 2개의 시장

국내 주식시장에 '코스피', '코스닥'이 있듯이 미국의 주식시장에는 '뉴욕증권거래소NYSE, New York Stock Exchange'와 '나스닥Nasdaq'이 있습니다. 국내의 경우 한국거래소KRX가 코스피와 코스닥 시장을 모두 관리하는데요, 미국은 미국과 전 세계의 주식거래 대부분을 차지하는 뉴욕증권거래소와 나스닥으로 나뉘어 관리됩니다. 정리해볼까요?

❶ 뉴욕증권거래소NYSE

세계 최대 증권거래소로, J.P.모건체이스앤드컴퍼니J.P.Morgan&Chase&Co.와 월마트Walmart, 피앤지P&G(프록터앤드갬블)처럼 오랜 기간 동안 안정적으로 사업을 지속해온 우량한 기업들

뉴욕증권거래소 현장

이 상장되어 있습니다. 빅 보드Big Borad라고도 불립니다.

❷ 나스닥NASDAQ

세계 2위 증권거래소입니다. IT, 바이오 등 기술주 위주로 상장되어 있습니다. 애플, MS, 아마존, 테슬라와 같이 기술과 혁신으로 무장한 유명 기술 기업이 상장된 시장입니다. 미국 기업뿐 아니라 전 세계 벤처기업들에게 나스닥은 꿈의 시장입니다. 뉴욕거래소에 비해 상대적으로 상장 문턱이 낮아 초기 자본이 적은 적자 기업도 상장이 가능합니다. 그래서 나스닥에 상장된 기업은 상대적으로 성장지향적이며 변동성이 높습니다.

■

미국 시장에는 미국 기업만 있는 게 아니라고요?

쿠팡이 국내 주식시장이 아니라 미국시장에 상장을 준비한다는 기사를
보셨나요? 쿠팡이 나스닥에 상장되었습니다. 아마 주식투자를 시작한
지 얼마 안 되었다면 국내 기업이 미국 시장에 상장할 수 있다는 것을
기사를 보시고 알게 된 분들도 있을 거예요. 우리나라 주식시장에서는
국내 기업 상장이 일반적이기 때문입니다. 요건만 갖춘다면 한국 기업
이든 중국 기업이든 미국 시장에 상장할 수 있습니다. 따라서 '미국 주
식시장에 투자한다'는 말이 '미국 기업에 대한 투자'만을 의미하는 것은
아닙니다.

미국 시장을 대표하는 3대 지수

❶ 다우 존스 산업평균지수 DJIA, Dow jones industrial average

'다우지수'로 불리며 뉴욕거래소와 나스닥에서 거래되는
30개의 대형 우량기업으로 구성된 시장지수입니다. 18세기
말에 최초로 개발되어 100년 넘게 미국 주식시장을 대표하는
지수로 사용되고 있습니다.

다우지수는 S&P 500지수에 편입된 500개 종목 중 유틸리
티, 운송 섹터 관련 종목을 제외하고 미국 주식시장을 대표
할 수 있는 핵심 종목 30개가 선별, 구성됩니다. 지수 산정을

다우지수 편입 상위 3개 섹터

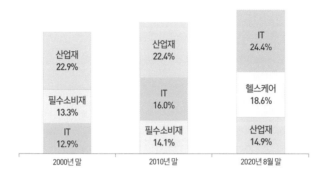

		IT 24.4%
산업재 22.9%	산업재 22.4%	헬스케어 18.6%
필수소비재 13.3%	IT 16.0%	
IT 12.9%	필수소비재 14.1%	산업재 14.9%
2000년 말	2010년 말	2020년 8월 말

출처 : Bloomberg, 삼성증권 포트폴리오전략팀

위한 종목의 편입, 편출은 시장의 흐름과 기업의 명성, 재무 구조 등을 종합적으로 판단하여 결정하게 되며 비정기적으로 진행됩니다.

다우지수는 미국의 산업 구조 변화를 한눈에 보여줍니다. 2000년대 말까지 다우지수에서 가장 큰 비중을 차지했던 섹터는 산업재였습니다. 그러나 점차 비중이 축소되었고, 현재는 IT 섹터와 헬스케어 섹터에 1, 2위를 내주었어요.

다우지수는 지수의 수치를 산정할 때 종목들의 주가를 모두 더해 평균을 구하는 가격가중 방식을 사용합니다. 그래서 시장 전체 동향을 파악하는 데 한계가 있다는 비판을 받기도 합니다.

❷ S&P500 지수

S&P 지수로 불리는, 미국 시장을 대표하는 주요 지수입니다. 시가총액, 재무 건전성, 섹터 내의 대표성, 유동성 등을 종합적으로 고려하여 선정된 500개 기업으로 구성되어 있습니다. 지수에 편입된 500개 종목은 미국 전체 주식의 약 70% 정도를 차지하며, 우리나라 코스피지수처럼 시가총액 방식으로 지수를 산정합니다. 그리고 미국에 본사를 둔 기업만 편입하기 때문에 미국 시장 전체의 동향을 파악하는 데 용이합니다.

❸ 나스닥 종합주가지수 Nasdaq Composite Index

나스닥 종합주가지수는 나스닥 증권거래소에 상장된 보통주 전체의 시가총액을 가중평균하여 나타낸 지수입니다. FAANG(페이스북·애플·아마존·넷플릭스·구글), MAGAT(마이크로소프트·아마존·구글·애플·테슬라) 등 기술주로 분류되는 기업들이 나스닥 시장을 대표합니다. 한편, 나스닥 시장에 상장된 비금융권 기업 중 시가총액 규모와 거래량 등 몇 가지 조건을 충족한 100개의 우량기업으로 이루어진 나스닥100 지수가 있습니다.

다우지수, S&P500 지수, 나스닥100 지수

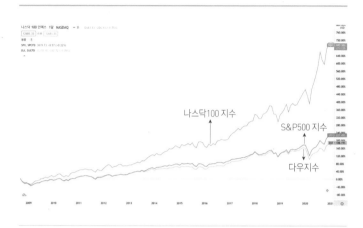

출처: kr.tradingview.com

한국 주식시장과 미국 주식시장 틀린 그림 찾기

한국 주식시장과 미국 주식시장은 서로 다른 몇 가지 특징이 있어요. 주식시장의 규칙이 글로벌 기준규격처럼 전 세계적으로 동일하다면 투자자들이 훨씬 편했을 텐데 말이에요. 국내와 달라서 헷갈리는 미국 주식시장의 3가지 규칙을 알아볼까요? 가장 쉽게 알 수 있는 다른 점은 국내에서는 상승한 종목을 빨간색으로 표시하지만, 미국은 하락한 종목을 빨간색으로 표시합니다. 완전히 반대죠? 어떤 일이든 규칙을 모르고 시작하면 당황할 수 있습니다.

❶ 가격제한폭과 동시호가 제도가 없다

미국은 한국과 다른 방법으로 시장의 가격 왜곡을 완화하고 있습니다. 국내 시장은 가격 왜곡을 막기 위한 장치로 '가격제한폭'을 두고 있기 때문에 하루 최대치로 상승하거나 하락할 수 있는 상한가와 하한가가 존재합니다. 하지만 이 장치에도 문제점이 존재해요. 가격제한폭은 시장의 가격 왜곡을 당일에 일시적으로만 방지할 뿐 오히려 다음날까지 연장시킨다는 것이 문제죠. 이러한 이유로 상한가와 하한가 제도는 시장 자체의 자정 능력이 뛰어난 선진화된 시장에는 불필요한 제도로 여겨집니다. 반면 미국 시장은 가격폭을 제한하지 않는 대신 투자자에게 거래를 할 수 있는 충분한 거래 시간을 보장하며 모든 거래가 실시간으로 이루어집니다. 총 거래 시간은 16시간입니다. 하루 24시간 중 절반 이상이죠? 국내 주식시장의 총 거래 시간이 9시간 30분이니 국내 시장보다 약 1.6배 더 깁니다.

**❷ 상승은 초록색, 하락은 빨간색,
종목코드는 숫자가 아니라 심볼!**

미국 시장은 '차트'나 '종목 표기'도 한국 시장과 차이가 있기 때문에 주의해야 해요. 미국 주식 차트는 한국과 반대로 표기됩니다. 종가보다 시가보다 높을 때 빨간색 캔들로 표시되고, 반대의 경우에는 초록색으로 표시됩니다.

애플 주식 차트

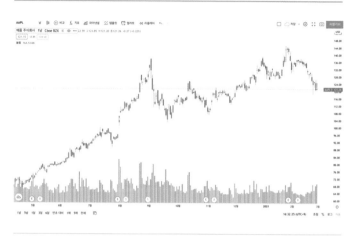

※ 초록색 캔들이 '상승'을, 빨간색 캔들이 '하락'을 의미합니다.

출처: tradingview.com

　　그러나 미국 사이트가 아닌 국내 증권사 애플리케이션에서는 우리에게 익숙한 상승은 빨간색 캔들, 하락은 파란색 캔들로 표시됩니다. 그리고 한국에서는 종목코드를 '삼성전자 005930'와 같이 숫자로 표기하는 반면. 미국에서는 심볼(티커Ticker)로 종목코드를 표기합니다. 애플의 티커는 AAPL입니다.

❸ 무료 시세 확인은 '15분 지연',
　실시간 수급 데이터 '없음'

국내 증권사에서는 실시간으로 거래되는 주식 시세 확인

을 유료로 제공합니다. 무료로 제공되는 정보는 15분 지연된 시세죠. 즉, 호가창이나 차트로 확인하는 주가는 15분 전의 정보라는 거예요. 그래서 15분 지연된 호가창을 보고 현재가에 주문을 넣어도 바로 주문이 체결되지 않을 수 있습니다. 최근에는 일부 대형 증권사에서 실시간 시세를 무료로 제공하고 있습니다. 열기도 합니다. 그리고 야후 파이낸스, 인베스팅닷컴 등 해외 주식 관련 사이트에서 실시간 시세를 무료로 확인할 수 있습니다.

한편 미국 시장은 수급 정보(데이터)를 실시간으로 제공하지 않습니다. 투자를 위해 굳이 필요하지 않은 정보로 여기기 때문입니다. 한국 시장에서 개인, 기관, 외국인의 매수, 매도 정보를 실시간으로 확인할 수 있는 것과 차이가 있습니다. 공매도 현황 역시 15일 간격으로 확인이 가능합니다. 참고로 미국 현지에서는 국내와 다르게 개인 투자자도 공매도 주문*이 가능합니다. 하지만 미국 주식에 투자하는 국내 투자자는 공매도 주문이 불가능해요. 국내 주식시장과 비슷한 듯 조금은 다른 미국 주식시장에 대해 정리해보았습니다. 그럼 이제 미국 주식을 거래하기 위해 알아야 할 기본적인 내용을 정리해봅시다.

---

* '없는 것을 판다', 즉 주식을 가지고 있지 않은 상태에서 매도 주문을 내는 것을 의미합니다.

나는 한국 반 미국 반 투자한다

미국 주식투자 실전! 3단계

1단계: 미국 주식 거래용 계좌 만들기

미국 주식을 매매하기 위해서는 증권사에서 주식 거래용 계좌를 개설해야 합니다. 과거에는 국내 주식 거래용 계좌가 있어도 해외 주식 거래용 계좌를 별도로 만들어야 했습니다. 하지만 최근엔 국내 주식 거래 계좌가 있다면 해외주식 거래 서비스 이용 신청을 통해 해외주식을 거래할 수 있어요.

국내외 주식 거래를 위한 계좌는 증권사에 직접 방문하지 않고도, 애플리케이션을 활용해 비대면으로 개설할 수 있어요. 최근 들어서는 해외 주식 거래 수수료 이벤트, 환율 우대 이벤트 등 고객 유치를 위한 증권사의 경쟁이 치열합니다. 증권사 이벤트를 꼼꼼히 확인해서 가장 혜택이 많은 증권사에서 계좌를 만들어보세요.

2단계: 원화를 달러로 환전하기

미국 주식은 원화가 아닌 달러로만 거래할 수 있어요. 그래서 미국 주식을 사기 위해서는 원화를 달러로 환전해야 합니다. 환전 또한 은행이나 지점을 방문하지 않고, 증권사 애플리케이션에서 비대면으로 가능합니다. 실시간 환전이 가능한 시간은 증권사마다 다소 차이가 있지만 대개 영업일 기준 9~16시입니다.

한편, 증권사마다 시간외환전이나 자동환전 서비스를 제공하는 곳도 있습니다. 단 시간외환전을 하는 경우 실시간 환전에 비해 환전 가능한 금액이 적어집니다. 시간외환전 시 적용되는 환율은 다음날 최초고시환율이기 때문입니다. 그런데 환전 당일에는 다음날 환율이 오를지, 하락할지 알 수 없어요. 그래서 증권사는 환율 변동으로 미수금이 발생할 위험을 방지하기 위해 5% 정도 높게 환율을 적용해 환전이 되게 하고, 다음날 최초고시환율이 확인되면 차액만큼 정산해 계좌로 입금하는 방식으로 환전을 진행합니다.

또한, 증권사에 통합증거금제도가 있다면 환전을 하지 않고도 미국 주식을 매수할 수 있습니다. 통합증거금제도란 매수하려는 해외 시장의 거래통화 외에 다른 통화(예수금, 매도 결제 예정액)를 증거금으로 활용해 해외주식을 매수한 이후에 그 주문이 체결된 금액만큼 자동환전해주는 서비스입니다. 통합증거금제도를 활용하면 계좌 내 원화 예수금을 증거로 미국

나는 한국 반 미국 반 투자한다

주식을 주문할 수 있습니다. 그리고 다음날 매수 주문이 체결된 금액만큼 원화가 달러로 환전되어* 편리하게 해외주식을 매수할 수 있습니다. 다만 매수 주문이 체결된 다음날 환율이 급등하면 예상보다 비싼 값을 주고 달러를 환전하게 될 수도 있다는 점을 유의해야 합니다.

유리한 방식으로 환전하는 2가지 팁

환차익은 실제 매매 수익에 영향을 주기 때문에 유리한 조건으로 환전하는 것이 좋습니다.

원달러환율과 달러 인덱스 비교 차트

출처: tradingview.com

---

* 환전 당일 1회차 매매기준율로 환전

1. 달러가 저렴할 때 미리 환전해두기

달러가 저렴한지 어떻게 확인할 수 있을까요? 앞서 살폈듯이 '달러 인덱스'를 통해 알 수 있습니다. 달러가 약세일 때 원달러환율이 하락하는 경향이 있습니다. 증권사에서 제공하는 원달러환율 전망을 참고하여 현재 달러의 강도를 파악해봅시다.

2. DCA 방식으로 환전하기

한꺼번에 미리 환전을 해두지 않고 투자할 때미디 환전에 투지할 수도 있습니다. 이는 환율 변동에 크게 신경 쓰지 않고 마음 편하게 투자할 수 있어 제가 선호하는 방식입니다.

3단계: 미국 주식 거래하기

계좌를 개설하고 달러까지 준비되었다면 이제 주문을 하러 가볼까요? 미국장은 언제 열리고 결제는 몇 일에 되는지, 한국과 다른 미국장 운영 방식을 알아봅시다.

❶ 미국 주식시장 운영 시간

미국 시장 정규장은 한국 시간으로 밤에 열립니다. 11월 첫째 주~3월 둘째 주 동안에는 23시 30분부터 다음 날 6시까지 열립니다. 그리고 해가 길어지는 3월 둘째 주부터 11월 첫째 주 동안은 서머타임이 적용되어 주식 거래 시간이 1시

나는 한국 반 미국 반 투자한다

미국 주식시장별 운영 시간

구분	프리마켓	정규장	애프터마켓
미국 현지 시간	04:00~09:30	09:30~16:00	16:00~18:30
한국 시간* (서머타임 적용)	17:00~22:30	22:30~05:00	05:00~07:30
한국 시간** (표준시간 적용)	18:00~23:30	23:30~06:00	06:00~08:30

* 3월 둘째 주~11월 첫째 주
** 11월 첫째 주~3월 둘째 주

출처: tradingview.com

간 앞당겨져 22시 30분부터 다음날 5시까지 운영됩니다. 미국 시장은 23시 30분에 시작하든 22시 30분에 시작하든 7시간 30분 동안 열립니다. 그리고 국내 주식시장이 수능 당일 1시간 늦게 열리는 것처럼 미국은 독립기념일 전날, 크리스마스 이브와 블랙프라이데이 전날에는 조기 폐장하여 3시간 30분 동안만 거래가 진행됩니다.

한편, 국내 주식시장에 정규장 전후 시간외시장이 있듯이 미국에도 프리마켓(프리장)과 애프터마켓이 있습니다. 국내보다 거래 가능한 시간이 더 긴데요. 프리마켓은 정규장이 시작하기 전 5시간 30분 동안, 애프터마켓은 정규장이 끝난 뒤 4시간 동안 열립니다. 미국 역시 시간외시장에서의 거래가 차트의 시가, 고가 등에 영향을 주지 않지만 국내와 다르게 시간외시장에서도 정규장과 동일한 실시간 방식으로 주문이 체결됩니다.

미국 주식, 어디서부터 시작할까?

197

하지만 국내의 모든 증권사가 프리마켓과 애프터마켓 거래 서비스를 제공하는 것은 아닙니다. 서비스 제공 여부와 '몇 시부터 거래가 가능한지'는 증권사마다 상이하니 확인이 필요해요. 하지만 프리마켓과 애프터마켓은 정규장과 비교할 때 매수호가와 매도호가의 간격이 넓어 원하지 않은 가격에 주문이 체결될 수 있고, 예약 주문이 불가합니다. 따라서 초보 투자자라면 정규장에서 거래를 시작하기를 추천해요.

❷ 예약 주문 서비스

미국 시장은 국내 시각으로 밤 10시 혹은 11시가 넘은 시각에 개장하죠? 늦은 시간까지 기다렸다가 주식을 매매하기 어려운 경우에는 '예약 주문 서비스'를 이용하는 것도 좋은 방법입니다. 예약 주문 서비스는 정해진 시간에 미리 매매 주문을 받아 정규장이 열리면 접수된 주문을 일괄적으로 처리해주는 서비스입니다. 대부분의 증권사가 예약 주문 서비스를 제공하니 예약 주문이 가능한 시간을 확인해봅시다.

❸ 주문 처리와 결제

미국 시장의 결제일은 T+3일입니다. 시차가 있으니 국내 주식투자 대보다 하루 더 소요된다고 생각하면 됩니다. 제시된 달력(예시)를 통해 알 수 있듯이 3월 11일에 현금을 인출하고 싶다면 늦어도 3월 8일까지는 매도 주문이 체결되어야 합

한국 주식시장과 미국 주식시장 **결제일 예시**(2021년 3월 기준)

• **2021.03** •

일	월	화	수	목	금	토
28	1 삼일절	2	3	4	5	6
7	8 미국 매도일	9 미국 T+1	10 미국 T+2	11 미국 T+3 결제일	12	13
14	15 한국 매도일	16 한국 T+1	17 한국 T+2 결제일	18	19	20
21	22	23	24	25	26	27
28	29	30	31	1	2	3

니다. 혹시 주문이 체결되지 않을 가능성도 있으니 투자금을 매도해 현금화하는 계획을 세울 때는 결제일을 잘 계산해 미리 계획을 세웁시다. 한편 주식 매도 후 매도자금은 결제일이 도래하기 전에 다른 종목을 매수하는 자금으로 사용될 수 있다는 점이 국내 시장과 동일합니다.

미국 주식투자할 때
꼭 보아야 할 것

다른 투자자는 어디에 투자할까?

처음 해보는 게임을 시작할 때 고수의 도움을 받으면 좀
더 수월하게 레벨을 올릴 수 있는 것처럼 초보 투자자는 실
패를 줄이기 위해 전문가의 의견을 참고해 투자 판단을 내릴
수 있습니다. 미국 시장은 정체 모를 카더라 통신이 아닌 수
백조를 운용하는 기관의 운용 내역을 무료로 볼 수 있어요.
또 검색이라는 약간의 수고로 유명 애널리스트의 투자 의견
과 다른 투자자의 분석 내용을 확인할 수 있습니다. 투자 팁
을 얻는 3가지 방법을 정리해볼까요?

❶ 투자 대가의 포트폴리오를 훔쳐보자

포털 기사를 통해 '워런 버핏이 애플을 팔았다' 같은 기사

를 본 적이 있죠? 기자들은 어디서 정보를 얻어 이런 기사를 냈을까요? 미국 공시 자료 'Schedule 13F'에서 얻은 거예요. 미국에서 1억 달러 이상의 자산을 운용하는 기관은 매 분기마다 SEC에 보유 지분 현황 보고서, Schedule 13F를 제출해야 합니다. 이는 정보의 비대칭 해소와 투명성 강화를 위해 기관들에 부여한 의무입니다. 따라서 우리는 마음만 먹으면 유명 헤지펀드, 대형 투자사, 연기금 같은 기관의 보유 지분을 확인할 수 있어요.

13F는 미국증권거래위원회 홈페이지에서 확인이 가능한데요, 글씨가 작고 구성이 불편하게 느껴질 수 있습니다. 보기 편하게 대가의 포트폴리오 'Form 13F'만 따로 살펴볼 수 있는 사이트, '웨일위즈덤(whalewisdom.com)'이 있어요. 웨일위즈덤 홈페이지 상단에 기관명을 검색한 뒤 기관의 투자 포트폴리오를 살펴볼 수 있습니다. 예를 들어 버핏의 버크셔해서웨이가 궁금하다면 'BERKSHIRE HATHAWAY'를 검색하면 됩니다. 'NATIONAL PENSION SERVICE'를 검색하면 우리나라 국민연금의 미국 투자 보유 지분 현황도 확인이 가능합니다. 따라서 투자 및 운용 철학에 공감하는 기관이 있다면 웨일위즈덤에 접속해 기관이 어떻게 움직이는지 참고하는 것이 좋습니다.

하지만 묻고 따지지도 않고 무작정 기관의 포트폴리오를 보고서를 따라 투자하는 것은 위험합니다. Form 13F로 확인

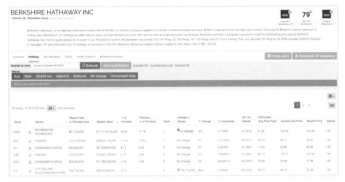

버크셔해서웨이 지분 현황

되는 포트폴리오는 과거의 정보입니다. Form 13F는 분기 종료 후 45일 이내에만 제출하면 되기 때문에 실제 매매한 시기에서 한참 지난 후에 지분 변경 내용을 확인하게 됩니다. 예를 들어 지분이 공시된 날짜는 'Date Reported 2021년 2월 16일'이지만 정보의 기준일은 'Source Date 2020년 12월 31일'입니다. 그러니까 2020년 말 이후부터의 변경 내용은 알 수 없습니다. 그러니까 기관 투자자가 이미 매도한 이후에 내가 뒤늦게 따라 매수하는 상황이 발생할 수 있죠.

게다가 기관은 개인보다 더 많은 도구를 활용해 투자하기 때문에 From 13F로 기관의 완전한 전략을 확인할 수 없습니다. 기관은 개인이 따라할 수 없는 어려운 레버리지, 파생상품 등을 활용해 매매합니다. 따라서 반쪽짜리 전략을 그대로 따라한다고 성공적인 투자를 할 수 있는 것은 아닙니다.

❷ 전문가의 투자 의견을 참고하자

미국 애널리스트들은 평가를 받습니다. 전문성·독립성 등에 따라 평가받고, 순위가 매겨집니다. 무조건 기업을 추천하는 기업 리포트를 쓴다면 성과가 좋지 못하여 불명예를 얻게 될 거예요. 그러나 국내와 다르게 기업과 갑을 관계가 아니어서 상대적으로 소신 있게 기업 매도 리포트를 낼 수 있습니다.

팁랭크닷컴(TipRanks.com)은 애널리스트를 비롯하여 헤지펀드 매니저, 금융 블로거, 기업 내부자 등 전문가의 투자 의견을 확인할 수 있는 사이트입니다. 데이터를 바탕으로 성과에 따라 전문가의 순위가 매겨지며 7,000명이 넘는 애널리스트 중 상위 25명의 투자 의견을 확인할 수 있습니다. 다만 아쉽게도 많은 유용한 정보가 유료로 제공되고 있어요. 성과가 좋은 상위 애널리스트의 의견이나 최신 정보는 유료인 경우가 많습니다. 따라서 무료 서비스는 '매수 의견이 강한지' 혹은 '매도 의견이 강한지' 같은 전반적인 시장 분위기를 파악하는 데 활용하면 됩니다.

무조건 전문가의 말을 따르는 것도 현명한 선택은 아닙니다. 1,000명의 전문가가 틀릴 수도 있으니까요. 특히 테슬라와 같은 성장주의 경우 시장 거래 가격과 목표주가의 괴리가 큰 경우가 종종 발생합니다. 따라서 전문가의 의견을 확인해 내 판단에 참고하는 정도로 활용한다면 신중한 투자를 하는

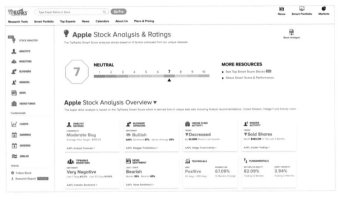

팁랭크닷컴 > 애플 분석

데 도움이 될 거예요.

❸ 투자 정보 사이트 참고하기

초보 투자자가 빠르게 성장할 수 있는 방법 중 하나는 '다양한 투자 의견을 참고하는 것'입니다. 단순히 매수·매도 의견이 아니라 다른 사람의 투자 판단과 이유를 들으면 현명한 투자에 필요한 종합적 사고 능력을 키울 수 있습니다. 모틀리 풀(fool.com)은 상대적으로 쉽고 재미있는 기사가 많이 있어 부담 없이 읽기 좋습니다. 시킹알파(seekingalpha.com) 기사는 대부분 투자 전문가에 의해 작성되며 특정 종목에 대한 분석 글을 참고할 수 있습니다. 투자할 때 중요한 것 중 하나는 '매몰되지 않는 것'입니다. 편협한 시각은 실수를 낳기 때문입니

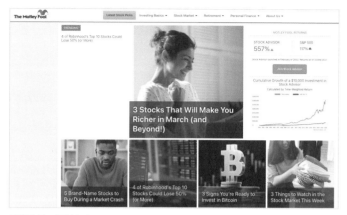

모틀리 풀 > 주식 뉴스

출처: www.fool.com/investing-news/

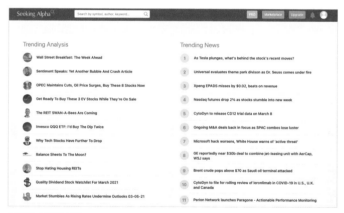

시킹알파 웰컴 화면

출처: seekingalpha.com

다. 다른 사람의 투자 의견을 들어보는 것만으로도 큰 공부
가 됩니다. 어느 특정한 방향의 의견만 찾아 듣기보다는 상
반된 입장의 의견을 모두 찾아 들어보는 것이 이성적인 판단

을 내리는 데 도움이 됩니다.

미국 기업의 민낯을 확인하세요

한국 기업처럼 미국에 상장된 기업들에도 공시 의무가 있습니다. 분기마다 보고서를 제출해야 하죠. 한국 기업의 공시자료는 전자공시시스템DART에서 확인할 수 있다고 했죠? 그렇다면 미국 기업의 공시 자료는 어디서 확인할까요? 시총 1위 애플의 공시 자료를 3가지 방법으로 확인해봅시다.

❶ 미국 증권거래위원회

국내에 금융감독원이 운영하는 전자공시시스템이 있다면

미국 증권거래위원회 홈페이지

출처: www.sec.gov

나는 한국 반 미국 반 투자한다

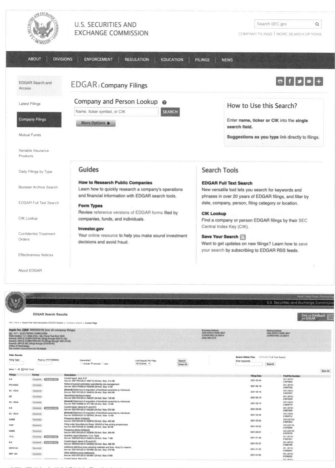

미국 증권거래위원회 홈페이지 > Company Filings Search

미국에는 증권거래위원회SEC, Securities and Exchange Commission가 운영하는 '에드가EDGAR, Electronic Data Gathering, Analysis, and Retrieval system'가 있습니다. 애플의 티커 'AAPL'로 검색하면 공시 자료를 확인할 수 있

습니다. 하지만 폰트가 너무 작고 읽기 힘들어 불편하게 느껴질 수 있습니다. 그래서 공시를 확인할 수 있는 다른 방법을 함께 소개합니다.

❷ 기업 공식 홈페이지

기업의 공식 홈페이지에서도 공시자료를 확인할 수 있습니다. 구글에서 'Apple(기업명)+investor relations'를 검색하면 기업 공식 홈페이지의 IR 메뉴로 바로 접속이 가능합니다. 탭 중에서 'SEC Filings'을 클릭하면 애플의 사업보고서 등 SEC 제출 서류를 누구나 로그인 없이 확인할 수 있어요. PDF, Excel 등 원하는 파일 형식으로도 다운로드 가능합니다.

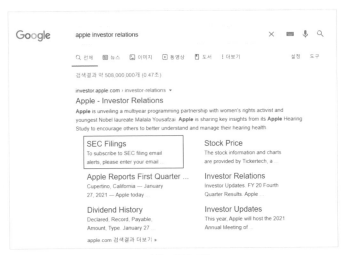

구글 > apple investor relations 검색 > SEC Filings

출처: google.com

Filing	Description	Date	Format
PX14A6G	Notice of exempt solicitation. Definitive material.	Feb 18, 2021	PDF, RTF
SC 13G/A	Amended Statement of Ownership	Feb 16, 2021	PDF, RTF, XLS
SD	Specialized Disclosure Report	Feb 10, 2021	PDF, RTF, XLS
SC 13G/A	Amended Statement of Ownership	Feb 10, 2021	PDF, RTF, XLS
8-K	Current report filing	Feb 08, 2021	PDF, RTF, XLS, ZIP, HTML
SC 13G/A	Amended Statement of Ownership	Feb 05, 2021	PDF, RTF, XLS
4	Lozano, Monica C	Feb 03, 2021	PDF, RTF, XLS
4	Sugar, Ronald D	Feb 03, 2021	PDF, RTF, XLS
4	Wagner, Susan	Feb 03, 2021	PDF, RTF, XLS

출처: investor.apple.com

❸ 주식 정보 사이트

미국증권거래위원회나 기업의 공식 홈페이지 말고도 주식 정보 사이트를 활용하여 공시 관련 자료를 확인할 수 있습니다. 다양한 사이트가 있는데요, 그중에서 BamSEC(BamSEC. com)를 추천해요. 초보자가 이용하기 좋은 구성과 디자인을 갖춘 사이트입니다. BamSEC는 보고서별로 공시가 나뉘어 있어 원하는 공시만 살펴보기에 편리합니다. 다만, 최근 5개 자료는 무료로 제공되지만 이후 자료는 유료로 제공됩니다.

BamSEC > 애플 SEC Filing

출처 : bamsec.com

3가지 보고서는 꼭 알아두자 : 10-K, 10-Q, 8-K

공시 보고서의 종류는 다양합니다. 미국 증권거래위원회 홈페이지에서 Filing 탭의 How to Search EDGAR에 들어가면 공시 보고서 유형에 대한 설명이 자세히 나와 있습니다. 그 중에서 반드시 알아야 할 3가지 보고서 유형을 살펴봅시다.

❶ 10-k 연간 보고서

국내 기업의 연간 사업보고서라고 할 수 있는 자료입니다. 기업의 개요, 감사를 받은 연간 재무제표, 경영진이 생각하는 위험 요소, 지난 1년간 회사의 운영 결과에 대한 경영진의 논의 및 분석 내용을 확인할 수 있습니다.

미국 기업은 보통 회계연도_{FY, Fiscal Year} 종료 후 사업보고서를

애플 10-k 연간보고서

90일 이내에 제출해야 합니다.* 기업마다 회계연도를 자유롭게 설정하고 있어 보고서 제출 기한도 각기 다릅니다. 애플을 예시로 살펴볼까요? 애플의 경우 9월 결산법인으로 회계연도는 10월 1일부터 다음해 9월 30일까지입니다. 그래서 애플의 2021년 연간 사업보고서는 2021년 9월 30일 회계연도 종료 후 90일 이내에 확인 가능합니다. 국내 기업도 비슷하게 사업보고서 제출 기한은 '회계연도 종료 후 90일 이내'입니다. 그래서 삼성전자 같은 국내 12월 결산법인의 사업보고서는 3월 말 혹은 4월 초에 확인이 가능합니다.

10-k는 크게 4개 파트와 16개 항목으로 구성되어 있습니다. 그럼 보고서의 각 항목별로 어떤 내용이 담겨 있는지 간단하게 살펴봅시다.

---

* 제출 기한은 기업 규모에 따라 회계연도 종료 후 60일, 75일, 90일 이내로 상이합니다.

한국·미국 기업의 회계연도별 분기 구분

구분	미국 9월 결산법인	한국 12월 결산법인
2021년 1분기 (1QFT21)	2020년 10월 1일 ~ 2020년 12월 31일	2021년 1월 1일~ 2021년 3월 31일
2021년 2분기 (2QFT21)	2021년 1월 1일~ 2021년 3월 31일	2021년 4월 1일~ 2021년 6월 30일
2021년 3분기 (3QFT21)	2021년 4월 1일~ 2021년 6월 30일	2021년 7월 1일~ 2021년 9월 30일
2021년 4분기 (4QFT21)	2021년 7월 1일~ 2021년 9월 30일	2021년 10월 1일~ 2021년 12월 31일

Part 1 : 기업의 사업 개요

사업 개요, 리스크, 유형자산, 법적 사항 등 기업의 사업 운영 전반을 다룬 파트입니다. 해당 파트에서 핵심 부분은 'Item 1'로, 사업의 내용, 특히 위험 요소 중심으로 확인하여 기업과 사업 모델을 이해할 수 있습니다.

» Item 1 : Business

기업의 사업 내용에 대한 기본적인 정보가 나와 있습니다. 애플의 아이폰, 아이맥, 아이패드 등 제품과 애플케어, 클라우드 서비스, 결제 서비스 등 서비스에 대한 소개가 나와 있습니다. 그리고 애플이 속한 시장과 경쟁 상황 연구 및 개발 등 개괄적인 정보가 나와 있습니다.

›› Item 1A : Risk Factors

경영진이 판단한, 기업의 위험 요소가 설명되어 있습니다. 예를 들어 '애플은 제품 생산에 있어 아시아의 생산업체에 의존적인데, 혹시 제품 생산이 중단되면 비용 및 공급 측면에서 부정적인 영향을 미칠 수 있다'와 같은 내용을 확인할 수 있습니다. 그리고 코로나19 펜데믹으로 글로벌 경제 활동이 크게 축소되었고, 금융시장에 혼란을 가져왔다는 이야기 등 회사 경영과 관련된 모든 위험들이 기입되어 있습니다. 이는 우리나라 공시에는 없는 내용입니다.

›› Item 1B : Unresolved Staff Comments

회사가 이전에 제출한 보고서 내용 중 특정 이슈에 대해 소명할 것을 미국증권거래소로부터 요청 받았지만 아직 해결되지 않은 내용이 있을 경우 여기에 작성해야 합니다.

›› Item 2 : Properties

R&D 센터, 데이터 센터, 주요 공장과 같이 회사가 소유하거나 임대한 유형자산에 대한 간략한 내용이 담겨 있습니다.

›› Item 3 : Legal Proceedings

회사가 진행 중인 중요한 소송에 대한 내용을 작성하는 항목입니다.

» **Item 4 :** Mine Safety Disclosures

광물 채굴과 관련이 있는 기업이 관련한 정보를 적는 항목입니다. 관련이 있는 기업만 기재하면 되기 때문에 애플은 해당 내용과 관련이 없습니다.

Part 2 : 재무 및 실적

기업의 경영 성과 및 실적 정보를 확인할 수 있는 핵심 파트입니다. 구체적인 재무 데이터를 확인할 수 있는 파트로, Item 7이 핵심입니다. 보고서가 나오면 가장 먼저 확인해야 할 내용들이 담겨 있습니다.

» **Item 5 :** Market for Registrant's Common Equity, Related Stockholder Matters and Issuer Purchases of Equity Securities

보통주 및 상장 정보, 자사주 매입, 배당금, 벤치마크 대비 주가 성과에 관련된 정보가 기재되어 있습니다.

» **Item 6 :** Selected Financial Data

매출액, 순이익, 주당 배당금 등 지난 5년 동안 회사의 요약 재무 데이터가 나와 있습니다.

» **Item 7 :** Management's Discussion and Analysis of Financial Condition and Results of Operations(MD&A)

애플의 최근 5년 누적수익

출처: 애플, Item 7(Oct 30, 2020)

기업의 연결재무제표, 과거에 경영진이 제시했던 목표치와 실제 실적, 그리고 다음 해 실적 목표 등에 관한 정보가 나와 있습니다. 예를 들어 애플의 경우 아이폰, 아이맥, 아이패드 등 애플의 주요 제품의 전년 대비 매출액 변화, 미주지역·유럽·중화권 등 국가별 실적, 사업의 총 마진 등을 확인할 수 있습니다.

» Item 7A: Quantitative and Qualitative Disclosures About Market Risk

금리 위험, 외환 위험 등 시장 위험에 대한 양적·질적 정보가 나와 있습니다.

» Item 8 : Financial Statements and Supplementary Data

'연결재무제표 및 주석'에 해당하는 부분입니다. 재무상태
표, 손익계산서, 현금흐름표 등 감사를 받은 재무제표가 나
와 있어요. 투자에 필요한 핵심 재무 데이터를 확인할 수 있
항목입니다.

» Item 9 : Changes in and Disagreements with Accountants on Accounting and Financial Disclosure

감사를 진행하는 회계사가 변경되거나 회계사의 감사 의
견이 불일치하는 경우 여기에 기입해야 합니다.

» Item 9A : Controls and Procedures

기업은 투자자에게 신뢰할 만한 회계 및 재무 정보를 제공
해야 합니다. 이를 위한 재무 보고에 대한 회사 내부적인 통
제와 절차에 관한 내용이 나와 있습니다.

» Item 9B : Other Information

Form 8-K에서 보고해야 했지만 아직 보고되지 않은 정보
를 적는 부분입니다.

Part 3 : 회사의 지배구조와 주주 관련 내용

Part 3(Item10~14)은 '지배구조와 경영진 보상'에 해당되는 내용이 담겨 있습니다. 대부분 회사의 의결권위임장_{Proxy} _{Statement}(DEF-14A)에 포함되어 보고서에서 자세히 확인이 가능하다는 내용으로 갈음됩니다. 따라서 해당 내용을 확인하기 위해서는 DEF-14A를 참고해야 합니다.

» **Item 10 :** Directors, Executive Officers and Corporate Governance

이사, 경영진 및 기업의 지배구조에 관한 내용이 나와 있는 부분입니다.

» **Item 11 :** Executive Compensation

경영진의 보수에 관한 내용입니다. DEF-14A를 확인하면 자세한 내용을 확인할 수 있습니다. 예를 들어 '애플 팀 쿡의 최근 3년간 보수와 인센티브'도 여기에서 자세히 확인할 수 있습니다.

» **Item 12. :** Security Ownership of Certain Beneficial Owners and Management and Related Stockholder Matters

경영진과 주주의 주식 보유 상황이 나와 있습니다.

» **Item 13 :** Certain Relationships and Related Transactions, and

애플 경영진의 최근 3년 보수 체계

출처: bamsec.com

Director Independence

회사 임원, 주요 관계사 및 5% 이상의 지분을 보유한 주요 주주의 내부자 거래 내용이 담겨 있습니다.

» **Item 14 :** Principal Accountant Fees and Services

회계 감사 수수료 및 서비스에 관한 내용입니다.

Part 4 : 요약 재무 실적 및 기타 참고자료

» **Item 15 :** Exhibit and Financial Statement Schedules

추가적으로 재무제표와 관련 있는 내용이 나와 있습니다. 이미 재무제표 주석에 나와 있어 생략된 내용이 많으며, 관련한 참고 자료_{Exhibit}를 확인할 수 있습니다.

» **Item 16 :** Form 10-K Summary

'기타 요약'입니다. 내용이 비어 있는 경우가 많습니다.

❷ **Form 10-Q 분기 보고서**

미국 상장기업도 국내 기업처럼 매 분기 종료 후 45일 내에 분기 보고서인 10-Q를 제출해야 합니다. 10-K와 유사하지만 보다 축약된 내용이 기재되며, 감사받지 않습니다.

기업들은 실적 시즌에 10-Q 이외에도 실적 발표 보고서 어닝 릴리스_{Earning Release}, 보충 재무 정보_{Financial Supplement} 등 투자 자료를 제공합니다. 가장 대표적인 것이 컨퍼런스 콜입니다. 앞부분에서 다루었던 것처럼 컨퍼런스 콜을 통해 경영진이 실적을 보고합니다. 과거 목표치와 실제 실적 데이터, 그리고 미래의 실적 목표를 모두 제시합니다. 이 내용은 주주가 아니어도 누구나 실시간으로 들을 수 있습니다. 그리고 컨퍼런스 콜은 일방적인 보고 시간이 아니며 경영진은 애널리스트와 질의응답을 통해 소통하는 시간을 가집니다.

한국과 미국의 정기공시제도 비교

한국	미국
한국증권거래소 KRX 전자공시시스템 Dart	미국증권거래위원회 SEC 공시시스템 EDGAR
사업보고서 제출기한 : 사업연도 종료 후 90일 이내	Form 10-K 제출기한 : 사업연도 종료 후 90일 이내
반기보고서, 분기보고서 제출기한 : 분기 종료 후 45일 이내	Form 10-Q 제출기한 : 분기 종료 후 45일 이내

출처 : www.sec.gov

❸ 8-K 수시 보고서

기업이 갑작스럽게 파산 신청할 경우, 그 사실을 어디서 확인할 수 있을까요? '8-K 수시 보고서'로 확인 가능합니다. 8-K는 10-K, 10-Q와 같은 정기 공시가 아닌 수시 공시 보고서입니다. 기업은 투자자에게 합리적인 투자 결정에 도움을 주는, 중요한 내용을 8-K를 통해 공개해야 합니다.

중요한 계약의 체결과 종료, 유상증자, 기업의 인수합병, 자산의 취득이나 처분, 파산과 같은 기업의 경영이나 구조상 영향을 끼치는 중요한 이벤트가 발생했을 때 8-K를 통해 발표합니다. 예를 들어 2020년, 갑작스러운 코로나19 팬데믹으로 기업의 계획이나 재무적 상황에 변화가 생겼을 때는 10-Q 발표 전에 8-K를 통해 공시할 수 있었습니다.

미국 주식투자 전, 알아두어야 하는 3가지 보고서를 간단하게 정리해보았습니다. 초보 투자자는 한국 기업의 공시를

미국 투자 세계 지식인 선생님, 인베스토피아 Investopedia

투자와 관련하여 모르는 용어가 등장했을 때! 인베스토피아 (investopedia.com)에 검색해보세요. 거의 모든 개념을 확인할 수 있습니다.

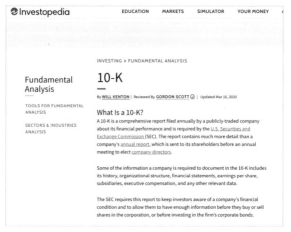

출처 : investopedia.com

읽고 분석하는 것도 어렵습니다. 그러니 영어로 된 공시를 읽고 분석하는 것은 번역기를 활용하더라도 어렵게만 느껴질 수 있죠. 날것의 정보를 가공해서 소화하는 일에는 시간과 전문성이 요구됩니다. 그래서 공시 자료를 보는 것이 부담스

국내 증권사의 미국 기업 테슬라 리포트

럽게 느껴진다면 처음에는 국내 증권사에서 나온 미국 기업 분석 리포트를 참고하여 공시를 읽어보는 방법을 추천합니다. 미국과 다르게 국내 증권사의 미국 기업 분석 리포트는 무료로 제공됩니다.

미국 공시 보고서 종류 정리

보고서 유형		설명
10-K	Annual report	연간 보고서. 상장 기업이 매년 제출하는 재무 성과 보고서
10-Q	Quarterly report	분기 보고서. 모든 상장 기업이 분기별로 증권 거래위원회(SEC)에 제출해야하는 기업 성과에 대한 보고서
8-K	Current report	수시 보고서. 인수, 파산, 이사 사임 또는 회계 연도 변경 등 예정되지 않은 중요한 사건이나 회사의 변화에 대한 보고서
SC 13D SC 13G	Schedule 13-D	지분 공시. 개인 또는 기관이 회사 지분의 5% 이상을 취득할 때 미국 증권 거래위원회(SEC)에 제출해야 하는 양식. 첫 취득 이후 보유 자산의 매매 현황 공시(거래 후 10일 이내 공시)
13F	Schedule 13-F	관리 자산이 최소 1 억 달러 이상인 모든 기관 투자 관리자가 제출해야하는 분기별 보고서 (분기 종료 후 45일 이내)
DEF-14A	Definitive proxy statement	주주 투표가 필요한 경우 제출해야 하는 서류
DEFM-14A	Merger Proxy	인수 합병과 관련된 문제에 대해 주주 투표가 필요한 경우 제출하는 서류
Form 3,4,5	Insider Holdings	내부자 공시. 경영진, 이사회 등 기업 내부자의 자사주를 매매 관련 공시 3: 처음 지분 획득 시 공시(10 일 이내 공시) 4: 주식 보유현황 변경 시(2일 이내 공시 5: 연간 지분 현황 (10일 이내)
S-1	Registration Statement	증권신고서. 미국에 기반을 둔 상장 기업이 상장 전에 제출해야 하는 서류

미국 주식투자
언제, 어디에 해야 할까?

좋은 투자 타이밍? 시장 사이클이 알려줍니다

'어디에 투자해야 할까?', '지금은 사도 되는 타이밍일까?' 두 가지는 국내 주식투자를 하든 미국 주식투자를 하든 공통적으로 하게 되는 질문입니다. 이 질문에 대한 답은 '시장 사이클'에서 찾을 수 있습니다. 현재 시장 사이클이 어떤 국면인지 알면 시장의 방향성을 확인할 수 있습니다.

주식투자를 해도 좋은 시장인지, 아닌지를 파악하는 것은 좋은 주식을 선정하는 것만큼 중요합니다. 강세장에 투자하면 초보 투자자도 좀 더 수월하게 수익을 낼 수 있기 때문입니다. 약세장에서는 우량주여도 주가가 하락하는 반면 강세장에서는 중소형주의 주가가 상승하기도 합니다. 이번에는 시장에서 필연적으로 사이클이 생길 수밖에 없는 이유, 사이

클로 인한 부작용을 최소화하기 위한 정부의 노력도 정리해
볼 거예요.

경기가 좋을 때와 나쁠 때가 있는 이유

"경기가 좋아지면 사줄게."

IMF 외환위기 이후 갖고 싶은 장난감을 사달라는 제게,
부모님께서는 이렇게 말하셨습니다. 그래서 어릴 때, '경기가
늘 좋으면 얼마나 좋을까?' 생각했습니다. 하지만 어떤 정부
가 정권을 잡든, 얼마나 좋은 정책을 쓰든 경기에는 항상 호
황과 불황을 거듭했습니다. 즉 '사이클'이 있는 것이죠.

아무리 경기가 좋아도 계속 좋을 순 없고, 매우 나쁠 때가
찾아와도 계속 나쁠 수는 없다는 말입니다. 경기는 왜 이렇
게 순환하는 걸까요? 바로 '신용Credit' 때문입니다. 신용은 자
본주의 경제 시스템의 기본이라고 할 수 있는데요, 다음 예
를 통해 자세히 살펴볼까요?

자, 여기 월급이 200만 원인 직장인 A가 있습니다. 월급
이 200만 원이니 한 달간 쓸 수 있는 돈의 한도는 200만 원일
까요? 그렇지 않습니다. 직장인이라면 신용카드를 만들 수도
있고, 마이너스 통장을 개설하거나 신용 대출을 받을 수도
있습니다. 금융기관은 대출자의 신용 점수에 따라 대출금리
와 대출 가능한 금액을 제시할 것입니다. 당장 수중에 있는
돈 200만 원, 즉 월급보다 더 많은 지출이 가능해집니다.

그런데 누군가의 지출은 곧 다른 누군가의 소득이 됩니다. 가령 직장인 A가 카페에서 커피 한 잔을 5,000원 주고 사 먹었다면 A 입장에서는 5,000원을 지출한 셈이지만 카페 사장님 입장에서는 5,000원이라는 소득이 생긴 것이 됩니다. 그러니까 A가 200만 원을 전부 지출하면 다른 누군가는 200만 원을 얻게 되는 거예요. A가 '신용'을 이용해 300만 원을 지출하면 누군가의 소득은 300만 원으로 늘어나겠죠? 이렇듯 신용을 이용하면 우리는 소득보다 더 많은 지출이 가능해집니다. 따라서 모든 시장 참여자가 신용을 이용하면 시장에는 실제보다 더 많은 유동성이 만들어집니다.

소득이 늘어나면 신용 점수는 높아집니다. 그리고 금융기관은 신용 점수가 높은 사람에게 더 많은 돈을 대출해줍니다. 이런 식으로 '지출 증가 → 소득 증가 → 신용 상승 → 대출 증가 → 지출 증가 → 소득 증가 →'가 반복되고 증폭되면서 경기는 빠르게 확장됩니다.

'경제'를 놓고 보았을 때 신용 없이 소득의 증가로만 상승하는 시장이라면 경제는 빠르게 성장할 수 없습니다. 월급은 빠르게 오르지 않으니, 결국 지출도 빠르게 증가하지 못하고, 신용도 빠르게 상승하지 못하니 결국 모든 사람의 소득은 천천히 증가할 것이고 경제는 느리게 성장할 것입니다. 그러니까 신용 덕분에 우리 사회가 더 빠르게 발전했다고 말할 수 있습니다.

레이 달리오의 경제 사이클 설명

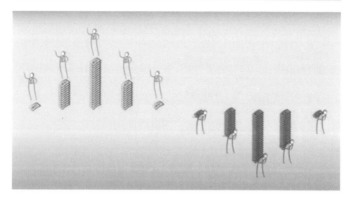

세계 최대 헤지펀드 기업 브리지워터 어소시에이츠를 설립한 레이 달리오는 경제가 어떻게 움직이는지 가장 쉽게 설명했습니다.

그러나 '대출'은 공짜가 아닙니다. 언뜻 보기에는 금융기관에서 돈을 빌리는 듯 보이지만 대출은 본질적으로 미래의 자신에게서 돈을 빌리는 행위입니다. 현재의 소득으로만 감당하기 어려운 지출을 위해 미래 소득에서 미리 돈을 당겨와 쓰는 것이죠. 그러니까 대출은 이자를 주고 돈을 갚을 미래의 시간을 사는 것입니다. 결국 빌린 돈을 갚기 위해서는 (미래에 소득이 증가하지 않는다면) 버는 것보다 적게 써야 합니다. 즉, 필연적으로 소비가 줄어듭니다. 누군가의 지출은 다른 누군가의 소득이 된다고 이야기했죠? 결국 소득이 줄어들고, 신용이 줄어들고, 대출의 감소로 이어지며 경기는 다시 하락하게 됩니다.

자, 정리해봅시다. 대출을 통해 지출을 늘리면 필연적으로 미래의 어느 시점에는 지출이 줄어듭니다. 따라서 신용에 의해 생산력이 증대되는 구간이 있으면 반드시 미래에 하락하는 구간이 생기고 그 결과 '사이클'이 생기게 됩니다. 마치 빛이 있으면 어둠이 있듯이 좋을 때가 있다면 좋지 않을 때, 나쁠 때가 생기는 것이지요.

사이클이 생기는 원리 이해가 중요한 이유는 미래에 일어날 사건의 움직임을 예측할 수 있기 때문입니다. 경기가 좋을 때와 나쁠 때가 있다는 것을 기억해주세요. 부동산 투자든 주식투자든 투자하기 전에 신용이 만들어낸 사이클을 알고 투자 여부를 결정하면 성공 확률을 높일 수 있습니다. 좋은 시절이 마냥 지속되지 않는다는 것을 아는 사람이라면 여름에도 현명하게 다가올 겨울을 준비할 것입니다.

빚 내서 투자해도 될까요?

내 소득으로 감당할 수 있는 금액을 대출받아 투자하면 긍정적인 레버리지 효과를 볼 수 있습니다. 하지만 소득으로 감당하지 못할 정도로 금액을 무리하게 대출 받아서 하는 투자는 적절하지 못합니다. 만약 다수의 사회 구성원이 감당하기 어려울 만큼 빚을 내 무리한 투자를 하는 상황이 발생한다면 이는 경제 위기로 이어질 수도 있습니다. 2008년 미국의 금융위기가 대표적인 예입니다. 2000년대 초부터 미국의 주택 가격이 빠르게 상승했습니다. 사기만 하면 집값이 오르니 너도나도 대출을 받아 집을 사고팔았습니다. 더 많은 사람들이 주택담보대출을 원했고, 미국의 금융기관은 앞다투어 대출을 해주며 주택 시장의 가격 상승에 기름을 부었습니다. 심지어 나중에는 부채 상환 능력이 거의 없거나 부족했던 서브프라임 등급에게까지 무리하게 대출을 해주었습니다.

미국 주택 가격 추이

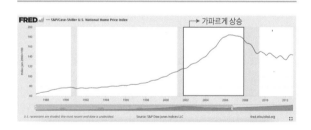

출처 : fred.stlouisfed.org

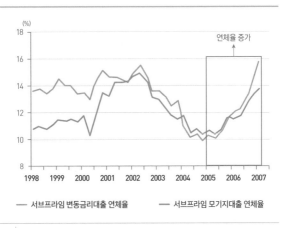

서브프라임 대출 연체율 추이

연체율 증가

— 서브프라임 변동금리대출 연체율　　— 서브프라임 모기지대출 연체율

출처: Datastream

우리가 앞서 배웠듯이 경제에는 사이클이 있습니다. 2006년, 미국에서
집값의 상승 추세가 꺾이고, 집을 사려는 사람보다 팔려는 사람이 많아
지면서 집값은 빠르게 하락했습니다. 무리하게 대출을 받아 투자했던 주
택 가격이 하락했고 집이 팔리지 않아, 대출금을 갚지 못하는 서브프라
임 등급이 늘어났어요. 무리한 대출로 인한 신용의 팽창이 만들어낸 거
품이 터지면서 위기가 찾아왔습니다. 2008년 금융위기로 5% 이하였던
실업률은 10%대로 크게 상승했고, 주가는 크게 하락했습니다. 꼭 기억
해주세요. 거품은 결국 터집니다.

실수를 줄이는 방법은 과거의 실패에서 배우는 것입니다. 대출을 받아
투자한다면 내가 이자와 원금을 감당할 수 있는지를 반드시 따져보아야
합니다.

나는 한국 반 미국 반 투자한다

지나친 경기 변동을 막기 위한 2가지 정책

경기가 늘 좋기만 하면 얼마나 좋을까요? 하지만 앞서 정리한 것처럼 경기에는 필연적으로 사이클이 존재합니다. 경기호황이 지나치면 경기 과열로 인해 인플레이션 문제가 발생하고, 경기 침체가 심해지면 실질 GDP가 크게 하락하고 대규모 실업 문제가 발생합니다. 즉, 경기는 적당한 균형 상태를 이루는 것이 가장 이상적입니다. 한쪽으로 과도하게 치우치면 결국 실업률 증가 또는 인플레이션이라는 문제가 발생하니까요.

경기 순환이 정상적으로 이루어지고, 안정이라는 균형 상태가 자연스럽게 나타난다면 너무 좋겠죠? 하지만 경기는 살아 있는 생물처럼 끊임없이 변화하며, 특히 시장 경기는 외부적 충격에 영향을 받습니다. 따라서 전쟁, 전염병, 대공황, 금융위기 혹은 IT버블, 주택시장 과열 등이 있을 때마다 경기 침체에 빠지는 양상이 일어났습니다.

따라서 모든 국가는 다양한 정책수단을 동원해 경제를 안정시키기 위해 많은 노력을 기울입니다. 경제를 안정시키기 위한 정책은 크게 재정정책과 통화정책 두 가지로 구분됩니다.

재정정책은 정부가 재정지출 또는 조세 변경을 통해 경제 안정화를 꾀하는 정책을 말합니다. 경기를 부양하기 위해 정부지출을 늘리거나 세금을 감면하는 것을 확대 재정정책, 반대로 경기가 과열되었을 때 물가를 안정시키기 위해 정부 지출을 줄이거나 세율을 올리는 것을 긴축 재정정책이라 합니다. 2020년 코로나19 위기를 타개하기 위한 '재난지원금 지급', '뉴딜정책' 등이 경기를 부양하기 위한 대표적인 재정정책입니다.

통화정책은 중앙은행이 통화량, 이자율 등을 조절하는 정책입니다. 기준금리를 인하하여 통화량을 늘리고, 이자율을 낮추는 것이 완화적인 통화정책, 반대로 금리를 인상하여 통화량을 줄이고 이자율을 높이는 정책은 긴축적인 통화정책이라 부릅니다. 2020년 코로나19로 경기가 충격을 받았을 때 미국은 기준금리를 0% 수준까지 인하했는데, 이는 완화적인 통화정책입니다.

재정 및 통화정책은 경기와 주식시장에 영향을 줍니다. 그래서 미국 시민이 아니더라도 정치 및 재정정책 기조, 중앙은행인 연방준비제도Fed의 통화정책에 늘 관심을 두어야 합니다. 미 대통령의 정책 기조, 공화당과 민주당 중 어느 쪽이 상원, 하원에서 과반을 차지했는지에 관심을 갖고, Fed의 통화정책 기조에 관심을 두어야 합니다. 국내와 미국 주식시장에 전부 영향을 주니까요.

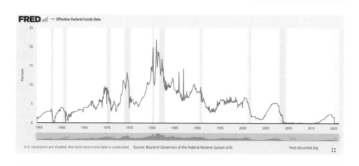

출처: fred.stlouisfed.org

주식 가격보다 중요한 돈 가격, 금리

금융 환경을 살펴볼 때 가장 중요한 것을 하나만 꼽으라면 '금리'를 꼽을 것입니다. 금리의 방향이 투자의 방향에 관한 중요한 힌트를 제공하기 때문입니다. 소도 언덕이 있어야 비빈다는 속담이 있습니다. 어떤 주식을 살 것인지에 앞서, '주식투자를 해도 되는 시기인지' 확인해야 합니다. 이 시기를 판단할 때 힌트를 주는 것이 금리입니다.

금리란 무엇이며, 투자에 어떤 영향을 주는 걸까요? 금리란 '돈의 값', '돈의 사용료'입니다. 금리의 변화는 투자뿐 아니라 우리 삶 전체에 영향을 줍니다. 우리는 밥을 먹거나, 버스를 타는 등 매일 돈을 씁니다. 물건이나 서비스는 가격이 매겨져 있고, 가격은 '돈Currency'으로 표시됩니다. 따라서 돈의 값, 돈의 가치, 돈의 단위가 바뀌게 되면 당연히 모든 가격은 바뀌어야 합니다. 마치 길이를 표기하는 단위가 미터에서 센티미터로 바뀌게 되면 1m에서 100cm로 숫자가 바뀌어야 하는 것과 동일한 원리입니다.

그러니까 기준금리가 1%에서 0.5%로 인하되었다고 한다면, 돈의 가치가 절반으로 줄어든 것이니 모든 재화나 서비스의 가격이 바뀌어야 합니다. 만약 금리가 1%일 때 커피값이 3,000원으로 표기되었다고 한다면, 금리가 0.5%일 때는 커피의 품질과 양이 전혀 변하지 않았지만 커피 값은 6,000원이 되어 한다는 말입니다. 하지만 현실에서는 기준금리의 변화에 따라 과자값이나 커피값 등 소비재의 가격이 바로 바뀌지는 않습니다. 금리의 변화가 일상에 영향을 미치기까지는 시간이 소요되기 때문입니다. 하지만 자산시장은 다릅니다. 금리가 변화할 것으로 기대되거나 변하면 부동산 가격, 주식 가격 등은 빠르게 재평가됩니다.

돈의 가치 척도인 금리가 변하면 자산 가격도 당연히 변합니다. 따라서 현재 시장이 금리 인상이 기대되는 시장인지 혹은 하락이 기대되는 시장인지 아는 것은 주식투자를 해도 되는 시기인지 아닌지를 판단하는 데 도움을 줍니다. 따라서 금리 변화에 늘 촉각을 세우고 있어야 합니다.

금리 변화의 힌트는 어디서 얻을 수 있을까요? 연방공개시장위원회FOMC, Federal Open market committee의 회의를 통해 확인할 수 있습니다. FOMC는 연준 산하에 있는 통화 및 금리 정책을

2021 FOMC Meetings

January	26-27	**Statement:** PDF | HTML Implementation Note	Press Conference Statement on Longer-Run Goals and Monetary Policy Strategy	**Minutes:** PDF | HTML (Released February 17, 2021)
March	16-17*			
April	27-28			
June	15-16*			
July	27-28			
September	21-22*			
November	2-3			
December	14-15*			

* Meeting associated with a Summary of Economic Projections.

Fed 홈페이지에서 확인 가능한 FOMC 회의 일정과 회의록

출처: federalreserve.gov

결정하는 기구입니다. 1년에 8번 정기·비정기 회의를 진행하는데 이 회의에서 기준금리 변경, 채권 매입, 지급준비율 변화 등이 결정됩니다. 금리 정책 관련 사항은 즉시 공개되고,

FOMC 회의록은 회의 3주 후에는 누구나 볼 수 있도록 공개됩니다. 또한 3월·6월·9월·12월 분기별 회의 이후에는 경제 전망에 대한 의장의 기자회견이 진행됩니다.

FOMC 회의는 반드시 사전에 일정을 체크하고 챙겨야 합니다. 연준 의장의 발언이나 회의 결과로 기업의 주가, 주식 시장이 펀더멘털과 무관하게 크게 출렁이기 때문입니다. 당장 통화정책에 변화가 없더라도 의장의 말 한마디 혹은 단어 하나의 해석으로 시장이 상승하기도 하고, 시장이 기대했던 반응이 나오지 않았을 때는 큰 폭으로 하락하기도 합니다. 그러나 무료인 국내 증권사의 FOMC 관련 리포트를 꼭 참고합시다.

경기 사이클에 따른 섹터 투자 전략

여름에는 더위를 피하기 위해 짧은 반팔과 민소매를 입고, 겨울에는 추위를 막아줄 수 있는 두툼한 패딩을 입는 것이 당연합니다. 계절에 어울리는 옷이 있는 것처럼 투자도 마찬가지입니다. 경기 사이클(계절)에 적절한 투자 자산과 투자 섹터가 존재합니다.

경기 순환, 경기 사이클Business Cycle이란 실질 GDP, 소비, 투자, 고용 등 거시 경제지표들이 장기적인 추세Trend로 상승과 하락을 반복하는 현상입니다. 경기 사이클은 회복기(봄), 확장기(여름), 후퇴기(가을), 침체기(겨울)의 4단계로 나뉩니다.

나는 한국 반 미국 반 투자한다

경기의 순환 과정

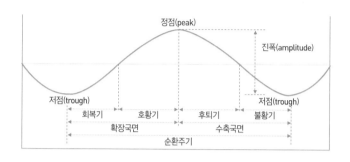

 정점(peak)

진폭(amplitude)

저점(trough)   저점(trough)

회복기   호황기   후퇴기   불황기

확장국면   수축국면

순환주기

출처: 한국은행, 케이프투자증권 리서치본부

경기 사이클은 봄이 오면 여름이 계절처럼 순서대로 진행되
는 것은 아니며 한 단계를 건너뛰거나 이전 단계로 되돌아가
기도 합니다. 자, 이제 각 단계별 특징을 정리해봅시다.

❶ 봄: 회복기Early Cycle phase - 주가 상승기

경기 회복기에는 일반적으로 국내총생산GDP 및 산업 생산,
인플레이션 같은 경제지표가 마이너스에서 플러스로 이동하
며 성장 속도가 빨라집니다. 소비자도 경기에 긍정적인 태도
로 반응해요. 기업 내 재고가 줄고, 매출이 크게 증가하죠.
경기 회복을 위해 신용친화적인 환경이 조성되고, 완화적인
통화정책이 시행되어 기업들의 이익이 빠른 성장을 돕습니
다. 경제는 바닥에서 급격히 반등하지만 기업의 실적이 완전

한 회복에 미치지 못하는 단계입니다. 주식을 사려는 수요로 주가가 오르는 경우인 '유동성장세'는 금융장세로도 불립니다. 주가가 가장 빠르게 상승하는 시기입니다.

❷ 여름: 확장기Mid-Cycle phase - 주가 상승기

경기 확장기는 경제 성장이 정점에 도달하며, 주가가 완만한 상승을 보이는 단계로 실적장세로도 불립니다. 기업 실적이 빠르게 회복하며 장밋빛 경제 전망이 등장합니다. 기업의 수익성이 개선되고 신용이 강하게 성장합니다. 기업은 증가하는 수요를 충족시키고 생산성을 향상시키기 위해 사업을 확장하고 설비 투자를 확대합니다. 기업의 재고와 판매량도 증가하죠. 통화정책 등 경기 부양책은 다소 중립적으로 변하게 되며 금리는 상대적으로 낮은 수준에서 상승하기 시작합니다. 일반적으로 경기 순환 주기에서 가장 긴 단계입니다.

❸ 가을: 후퇴기Late-Cycle phase - 주가 하락기

경기 후퇴기는 종종 경제 활동의 정점 시기와 일치합니다. 기업 실적은 여전히 긍정적이지만 성장 속도는 다소 둔화됩니다. 실업률이 감소하고 임금이 완만하게 상승하며 기업의 마진은 축소되는 경향이 있습니다. 경기 과열에 의해 인플레이션 압력이 발생하며 인플레이션 우려는 금리를 올리는 긴축적인 통화정책 시행에 대한 압력으로 이어져 결국 주가가 하락하는 시기입니다.

❹ 겨울: 침체기 Recession phase - 주가 하락기

경기 침체기에 경제 활동과 기업의 이윤이 전반적으로 크게 감소하고 실업률이 증가하며 주가가 하락합니다. 기업의 매출이 감소하고 재고 역시 점진적으로 감소합니다. 소비자 및 기업의 신용은 낮은 상태이며 금리 인하 등 완화적인 통화 정책 등 총수요 증가를 위한 정책이 시행됩니다.

경기 사이클의 단계별 특징을 잘 정리했나요? 역사적인 주가 데이터를 보면 주식시장의 성과는 경제 상황에 따라 순환하는 경향이 있습니다. 즉, 특정 단계에서 소위 잘나가는 섹터가 따로 있는 경향이 있죠. 가령 미국의 기술 섹터에 속하는 기업의 주가는 경기 회복기에는 성과가 좋은 반면 후퇴

미국 시장 경기 사이클의 역사(1960년~2018년)

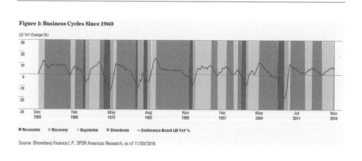

경기 사이클 단계에 따른 미국 섹터별 실적(1962년~ 2016년)

Sector	Early Rebounds	Mid Peaks	Late Moderates	Recession Contracts
Financials	+			
Real Estate	++			--
Consumer Discretionary	+/-	-	--	
Technology	+	+	- -	--
Industrials	++			--
Materials	+	--	++	
Consumer Staples			++	++
Health Care	--		++	++
Energy	--		++	
Communication Services		+		-
Utilities	--	-	+	++

++, --는 섹터가 모든 단계의 평균 성과, 월간 평균 차이 및 사이클의 적중률의 세 가지 지표 모두에서 일관된 신호를 보이고 있음을 나타냅니다. +/-는 세 가지 중 몇 가지 지표가 섞여 있거나 상대적으로 일관성이 부족함을 의미합니다. 흰색으로 비어 있는 부분은 성과에 특정한 패턴이 없음을 나타냅니다.

출처: The Business Cycle Approach to Equity Sector Investing, Fidelity

기와 침체기 때 크게 부진한 경향이 있었습니다. 물론 공식처럼 매번 딱 들어맞는 것은 아닙니다. 하지만 투자 결정을 내릴 때 투자하려는 국가의 경기 순환 주기를 파악하면 투자를 집중해야 하는 섹터와 투자를 피해야 하는 섹터를 결정하는 데 도움이 됩니다.

그렇다면 우리가 지금 투자하려는 미국 시장은 경기 사이클 중 어느 단계에 있는지 궁금하지 않나요? 현재 시장이 어디에 와 있는지 뉴스와 시장 경기 상황을 보고 스스로 판단해 봅시다. 너무 어렵다고요? 걱정하지 마세요. 글로벌 자산 운용사 '피델리티' 홈페이지에서 확인할 수 있으니까요. 피델리

피델리티 홈페이지에서 글로벌 경기 사이클 확인하기

출처: institutional.fidelity.com

티 홈페이지에는 국가별 경기 사이클에 관한 정보가 제공되
어 있어 전문 투자기관의 의견을 참고할 수 있습니다.

안정된 수익 내는
미국 배당주 투자

미국 배당주 투자 꼭 해야 하는 이유

국내 시장에서는 배당주 장기투자가 인기가 없는 편입니다. 배당주는 일명 배당 시즌에 투자가 몰리고, 배당락_{Ex-Dividend} * 이후에는 크게 주가가 하락한 뒤 횡보하는 것이 일반적입니다. 미국 기업과 같은 성숙한 배당 문화가 자리 잡지 못했죠.

하지만 미국 주식은 다릅니다. 주주자본주의**가 정착된 미국 기업은 주주와 이익을 나누고, 배당금을 지급하는 문화가 보편적입니다. 그래서 미국 주식 하면 배당주 관련 이야

---

*   배당 받을 권리가 소멸되는 것
**   주주의 이익을 옹호하는 방향으로 자본 활동이 이루어지는 자본주의 형태

기가 많이 나옵니다. 왜 미국 배당주가 매력적인지 같이 살펴볼까요?

자주 주고 빨리 주는 미국 주식 배당금

미국 기업은 국내 기업과 달리 배당금을 '자주' 줍니다. 미국은 배당 지급 주기가 월, 분기, 반기, 연 배당에 특별배당까지 다양하며 '분기 배당'이 일반적입니다. 반면 국내 상장사의 경우 배당금을 지급하지 않거나, 지급한다면 연 1회에 한하는 것이 일반적입니다.

그리고 미국 기업은 '빨리' 줍니다. 국내 기업은 배당금 지급까지 최소 2~3개월 소요됩니다. 12월 결산법인*으로 연 1회 배당금을 지급하는 기업에 투자한 경우 대개 4월에 배당금을 지급 받습니다. 반면 미국 기업은 보통 1개월 이내에 배당금을 지급합니다. 빠른 경우 열흘 이내에 지급되기도 합니다. 어차피 받아야 할 돈은 빨리 받는 것이 좋겠죠? 단 국내의 경우 증권사의 처리 및 시차 등의 이유로 현지의 지급일보다 며칠 더 소요됩니다.

---

* 12월 말에 사업연도를 종료하는 법인

외화증권 결제처리 흐름

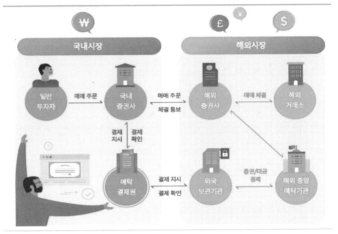

출처: 한국예탁결제원 네이버포스트

부동산 투자와 닮은 배당주 투자

주식은 기대수익률이 높은 자산입니다. 그런데 배당주로 분류되는 주식은 성장주에 비해 변동성이 적고 기대수익률이 낮습니다. 다음의 코카콜라와 테슬라의 최근 5년 차트를 비교해볼까요? 테슬라의 주가는 우상향한 반면에 코카콜라의 주가는 5년 동안 옆으로 횡보하는 모습입니다. 높은 수익을 원하는 투자자라면 분명 테슬라를 선호하겠죠. 반면에 변동성을 싫어하고 안정적인 배당 소득을 원하는 투자자라면 코카콜라를 선호할 것입니다. 즉, 개인마다 좋아하는 이성 취향이 다르듯 선호하는 투자 역시 자산 구성, 투자 규모, 나이 및 투자 성향에 따라 달라집니다.

나는 한국 반 미국 반 투자한다

테슬라와 코카콜라의 최근 5년 주가 변동 추이

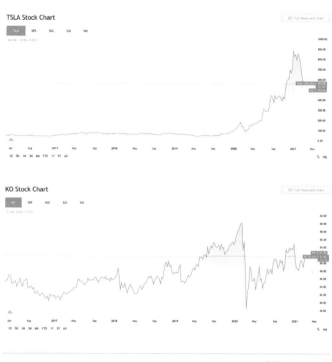

그런데 배당주 투자는 특히 부동산 투자와 닮은 점이 있습니다. 부동산 투자는 크게 2가지 종류의 수입을 기대할 수 있습니다. 바로 건물을 보유하고 있을 때의 임대 수익과, 이후에 건물을 매매했을 때 발생하는 매매차익입니다. 배당주도 이와 비슷하게, 주식을 보유해 얻게 되는 배당 수입과 매매차익에 의한 양도소득이 존재합니다.

그러니까 주식을 사고팔았을 때의 시세 차익이 목적이라면 변동성이 커 빠르게 상승하는 성장주 주식투자를 선택할 것이고, 주식을 보유했을 때 안정적으로 받게 되는 배당 수익이 목적이라면 변동성이 적고 안정적인 배당주 투자를 선호할 것입니다.

배당주 장기투자의 힘

투자금이 적은 초보 투자자에게 배당금은 그리 매력적으로 보이지 않기도 합니다. 코카콜라 주식을 예로 살펴볼까요? 코카콜라는 연 3% 이상의 배당금을 지급합니다. 3%는 제로금리 시대의 은행 이자와 비교하면 높은 수익률이지만 개별 주식의 연상승률과 비교하면 상대적으로 낮게 느껴질 수 있습니다. 따라서 투자금이 적은 초보 투자자에게 배당금으로 연 3% 배당주는 매력적인 투자처로 보이지 않습니다. 배당금을 받으면 기분 내는 데 좋을 수 있지만 100만 원의 3%라고 해봐야 3만 원입니다. 1년에 몇만 원 벌려고 주식투자를 하는 사람은 없습니다. 그래서 연 3% 배당주는 매력적인 투자처로 보이지 않을 수 있습니다.

게다가 단기간에 투자 성과를 눈으로 확인하지 못하기 때문에 재미없게 느껴질 수 있습니다. 남들은 10%, 20% 수익을 내고 있다는 이야기를 들으면 괴로움까지 느낄 수 있습니다. 그렇다면 투자금이 적은 투자자는 배당주 투자와 전혀

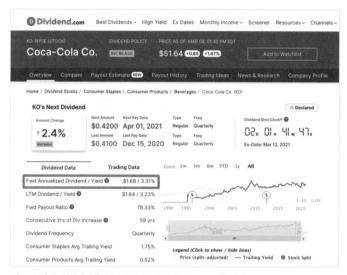

연 3% 이상의 배당금을 지급하는 코카콜라(2021년 3월 기준)

출처 : dividend.com

무관할까요? 반은 맞고 반은 틀린 말입니다. 만약 투자 기간
을 1~2년이 아니라 10~20년으로 좀 더 길게 본다면 꼭 해야
하는 투자가 됩니다.

배당주 투자는 장기투자에서 큰 힘을 발휘합니다. 구체적
인 예시로 배당주 장기투자의 강력한 힘을 살펴볼까요? 투자
자 A는 B 기업의 주식을 주당 1만 원에 매수했습니다. B 기
업의 주가상승률이 연 10%이고, B 기업의 배당수익률*이 연
3%라고 가정합시다. 10년 뒤 주가는 159% 상승하고, 주당

---

* 배당수익률(%)=배당금÷현재 주가×100

투자자 A의 배당수익률 변화 (단위: 원)

연차	1	2	3	4	5	6	7	8	9	10	11
주가	10,000	11,000	12,100	13,310	14,641	16,105	17,716	19,487	21,436	23,579	25,937
주당배당금	300	330	363	399	439	483	531	585	643	707	778

배당금도 778만 원이 됩니다. 만약 A가 투자 1년 차 이후 추가 투자를 하지 않아 매입 단가가 여전히 1만 원이라면 10년 뒤 A가 받게 배당수익률은 얼마가 될까요? 연 7.78%가 됩니다. A가 1억 투자로 10년 뒤에 받게 되는 연 배당금은 약 778만 원이 됩니다(계산의 편의를 위해 비용 및 세금 등은 고려하지 않았으며 원화로 설명했습니다).

너무 터무니없는 예시처럼 보이나요? 10년 보유할 것이 아니면 10초도 보유하지 말라고 말한 장기투자의 대가 버핏의 포트폴리오로 가봅시다.

워런 버핏 포트폴리오 훔쳐보기

버핏이 매수한 코카콜라는 지난 30년간 주가가 꾸준히 상승했습니다. 매년 지급하는 총 배당금액도 꾸준히 증가해온 기업입니다. 버크셔의 포트폴리오를 살펴보면 버핏은 2001년 1분기에 처음 코카콜라에 투자했고, 20년이 지난 현재까지도 보유 중입니다. 추정 매입 단가는 11.29달러이며, 현재 주가는 50달러 수준입니다. 20년 전보다 주가는 4배 이상 상

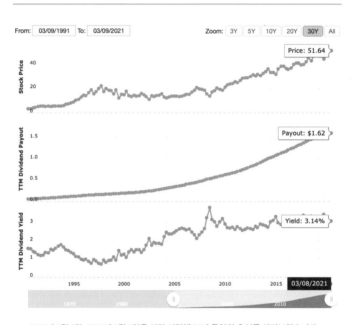

Stock	Sector	Shares Held or Principal Amt	Market Value	% of Portfolio	Previous % of Portfolio	Rank	Change in Shares	% Change	% Ownership	Qtr 1st Owned	Estimated Avg Price Paid	Quarter End Price	Recent Price	Source
AAPL	INFORMATION TECHNOLOGY	887,135,554	$117,714,016,000	43.62	47.78	1	57,160,000	6%	5.1169%	Q1 2016	132.69	132.66	122.06	13F
BAC	FINANCE	1,010,100,606	$30,416,150,000	11.35	10.63	2	No Change	0%	11.6164%	Q3 2017	26.14	30.31	36.42	13F
KO	CONSUMER STAPLES	400,000,000	$21,935,999,000	8.13	8.63	3	No Change	0%	9.3079%	Q1 2001	11.29	54.84	49.98	13F
AXP	FINANCE	151,610,700	$18,331,249,000	6.79	6.64	4	No Change	0%	18.8289%	Q1 2001	38.15	120.91	142.98	13F

버크셔해서웨이의 포트폴리오(2020년 12월 31일 기준)

코카콜라의 주가, 배당금, 배당수익률 추이

1991년 3월 9일~2021년 3월 9일을 기간 설정해 30년 동안의 추이를 살펴보았습니다.

승했습니다. 그리고 2020년 기준, 코카콜라는 주당 1.64달러
의 배당금을 지급했습니다. 그러니까 현재 버핏은 코카콜라

의 배당 수입만으로 14.5% 이상의 수익을 내고 있다는 계산이 나옵니다. 제로금리 시대에 연 14%의 안정적인 수익이라니 너무 매력적이지 않나요?

미국의 기준금리는 0.25%, 국내 기준금리는 0.5%입니다 (2021년 4월 기준). 기준금리가 제로 수준에 도달하였고, 앞으로도 과거처럼 금리가 5~10%대까지 올라갈 가능성은 희박합니다. 또 은행 예금으로는 연 1%도 기대하기 어렵죠. 저금리 기조 속에서 안정적인 배당주 투자 매력도는 더 커집니다. 따라서 투자금 중 일부는 버핏처럼 10년, 20년 뒤를 바라보는 배당주 투자를 해본다면 어떨까요? 지금부터 매달 적은 금액이라도 일정금액을 적립식으로 투자하여 배당주를 모아간다면 20~30년 뒤 노후 대비에 보탬이 될 것입니다. 1억의 10%는 3,000만 원이고, 2억의 10%는 6,000만 원입니다. 부동산도 좋지만 미국 배당주로 임대수익 같은 배당금을 받는 것은 어떨까요?

좋은 배당주 고르는 법

'주식투자'는 기본적으로 저렴하게 매수하여 더 높은 가격에 매도하는 시세차익을 목적으로 하는 투자입니다. 즉, 주식이 산 가격보다 오르고 매도를 해야지만 수익이 발생하는 구조입니다. 내가 매수한 가격보다 주가가 떨어지거나 혹은 보유한 주식을 매도하지 않으면 수익이 발생하지 않는 것이죠. 반면에 배당금은 주식을 보유했을 때 발생하는 이익으로 마치 부동산 임대수익과 같이 현금흐름이 발생하는 투자입니다. 그러면 어떤 배당주가 좋은 배당주일까요?

흔히들 단순하게 '배당수익률Dividend Yield*'이 높은 배당주가 좋다'고 생각합니다. A 기업 '주가가 100달러'이고, '연간 지급하는 주당 배당금이 1달러'라면 A 기업의 배당수익률은 1%가 됩니다. 한편 B 기업 '주가가 50달러'이고, '주당 배당금이 1달러'라면 B 기업의 배당수익률은 2%가 됩니다. 배당금은 1달러로 같지만 투자금 대비 수익률이 다르기 때문에 배당금만 보면 B 기업이 더 좋은 배당주처럼 보이죠?

하지만 배당수익률을 보고 B 기업이 더 좋은 배당주라 예단해선 곤란합니다. 기업의 이익과 함께 주당 배당금이 증가해 배당수익률이 증가한 것인지 아니면 실제로 지급되는 배당금 총액이 줄었음에도 주가가 크게 하락해 배당수익률이 높아 보이는 착시효과가 발생한 것인지 따져보아야 하죠. 게다가 주당 배당금과 주가가 함께 꾸준히 상승하면 배당수익률에는 변화가 없을 수도 있습니다. 따라서 단순히 배당수익률만 보고 배당주를 평가해선 안 됩니다. 그렇다면 어떤 점을 살펴 배당주를 골라야 할까요?

* 주당 배당금을 주가로 나눈 값으로, '시가배당률'이라고도 합니다.

❶ 꾸준한, 성장하는 배당주를 고르자

좋은 배당주가 갖추어야 할 덕목은 '꾸준함'과 '성장성'입니다. 배당금을 꾸준히 지급하고, 기업 이익이 성장함에 따라 배당금이 함께 증가해야 좋은 배당주라고 할 수 있어요. 무엇보다 꾸준함이 중요한 이유는 '배당'은 사전 약속이 아닌 사후 약속이기 때문입니다.

코로나19 위기 속에서 호텔 같은 여행 관련 섹터의 많은 기업들이 '배당컷'*을 발표하며 주가가 큰 폭으로 하락했습니다. 투자자가 배당금을 목적으로 투자했는데 기업의 사정이 어려워져 배당컷을 발표되면 투자자는 큰 손해를 보게 됩니다. 따라서 과거에 배당금을 지급한 이력을 살피면 좋은 배당주와 나쁜 배당주를 구분할 수 있습니다. 어떤 기업이 금융 위기, 코로나19 위기 등 수차례의 위기 속에서도 배당금을 삭감하거나 지급을 중단하지 않고 안정적으로 지급했다면 이는 경영 능력이 뛰어난 기업이라는 증거가 되기 때문입니다. 한두 번 아주 뛰어난 성과를 내는 것보다 꾸준히 좋은 성과를 내는 것이 훨씬 더 어렵습니다.

한편, 꾸준히 이익을 내고 성장하는 것은 기업의 존재 이유이기도 합니다. 좋은 기업은 이익이 꾸준히 증가하고 그만큼 주주들과 더 많은 이익을 나눌 것입니다. 따라서 배당금

---

* 배당금을 주지 않거나 삭감하는 것

Dividend Summary

Div Yield (FWD)	Annual Payout (FWD)	Payout Ratio	5 Year Growth Rate	Dividend Growth
3.16%	$1.68	78.32%	4.25%	58 Years

코카콜라 배당 정보

출처 : seekingalpha.com

이 몇 년 동안 꾸준히 성장해왔는지 알 수 있는 '배당 성장 이력'도 좋은 배당주를 고르는 데 있어 중요한 정보입니다. 성장성을 지닌 기업은 주가도 함께 오르기 때문에 앞서 살핀 워런 버핏의 코카콜라 장기투자처럼 매수가 대비 높은 배당수익률을 경험하게 해줄 수 있습니다.

코카콜라는 58년 동안 꾸준히 배당금을 늘려 왔는데요, 50년 이상 배당을 증가시킨 기업들을 '배당 왕Dividend Kings'이라고 부릅니다. 한편 25년 이상 배당을 지속적으로 늘려온 기업들을 '배당 귀족Dividend Aristocrats', 10년 이상 배당을 늘린 기업들을 '배당 성취자Dividend Achievers'라고 부릅니다. 꾸준히 배당금을 지급하는 기업은 성과도 시장 평균수익률보다 앞섭니다. 배당 귀족에 속하는 기업은 2000년대부터 S&P500 지수보다 더 나은 성과를 거두었습니다.

S&P500 지수와 배당 귀족 지수 수익률 비교

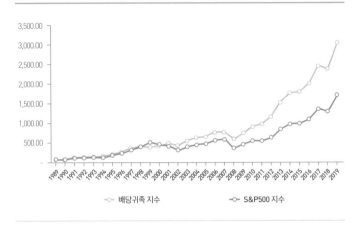

출처: dividendgrowthinvestor.com

❷ '배당성향_{Payout Ratio}'은 능력 내에서 다다익선!

배당성향은 기업의 순이익 중에서 주주에게 지급한 배당금 총액을 나타내는 비율입니다. 예를 들어 A 기업의 연간 순수익이 100억 달러이고, 배당금으로 60억을 지급했다면 A 기업의 배당성향은 60%입니다. S&P500의 10년 평균 배당성향은 약 30%이지만 주식 섹터별로 많은 차이가 있습니다.

배당성향이 높다는 것은 기업의 이익 중 더 많은 부분을 주주들과 공유한다는 의미가 됩니다. 그렇다면 '배당성향이 높을수록 무조건 좋은 배당주'라고 할 수 있을까요? 반드시 그렇지는 않습니다.

기업의 비즈니스 모델의 안정성과 기타 요인에 따라 평가

나는 한국 반 미국 반 투자한다

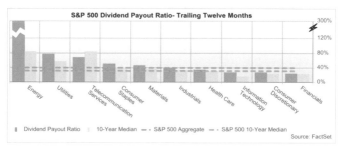

주식 섹터별 S&P500 지수 배당성향(12개월)

출처 : simplysafedividends.com

가 달라지기 때문입니다. 예를 들어 통신·유틸리티 및 필수
소비재와 같은 성숙한 산업 섹터는 변동성이 적은 대신 안정
적인 현금 흐름으로 인해 높은 배당성향을 유지할 수 있습니
다. 반면, 기술 섹터는 배당성향이 가장 낮습니다. 기술주는
빠르게 변화하는 트렌드를 쫓고, 시장 지위를 유지하며 수익
을 높이려면 성장을 위해 지속적으로 재투자해야 하기 때문
입니다. 따라서 기업이 속한 산업의 특성에 따라서 배당성향
에 대한 주주들의 의견이 달라집니다. S&P500 지수의 배당
성향은 과거 15년 동안 25%~50% 사이에서 변동했으며, 경
기 침체기에 증가하고 경제 확장기에 후퇴했습니다.

미국 주식, 어디서부터 시작할까?   255

배당금 관련 용어 정리

- **배당발표일**Dividend Declaration Date - 회사가 배당금을 지급한다고 발표한 날
- **배당기준일**Dividend Record Date - 주주명부에 배당받을 권리가 확정되는 날
- **배당락일**Ex-Dividend Date - 주식을 매수해도 배당받을 권리가 없어지는 날
- **배당지급일**Dividend Payment Date - 계좌로 현금 배당금이 지급된 날

배당금을 받으려면 언제까지 주식을 매수해야 할까요?

미국 주식의 경우 배당금을 받으려면 '배당락일'* 전날까지만 매수하면 됩니다. 예를 들어 애플의 경우 최근 배당락일이 2021년 2월 5일입니다. 그러니 결제일 기준으로 2월 4일까지 매수하면 배당금을 받을 수 있습니다. 미국 시장 결제일은 T+3일이니 늦어도 2월 1일까지는 매수 주문을 내고 체결되어야 배당금을 받을 수 있습니다.

공휴일이 끼어 있으면 시간이 좀 더 소요될 수도 있으니 배당락일 최소 일주일 전에 여유 있게 매수하는 것이 현명한 방법입니다. 애플은 배당기준일에서 일주일이 채 지나지 않

---

* 결산기말이 지나 당기 배당을 받을 권리가 없어진 주가의 상태

애플 주식, 언제 매수해야 배당금 받을까?(2021년 2월 예시)

• 2021.02 •

일	월	화	수	목	금	토
31	① 마지막 매수 기회	2	3	4	5 배당락일	6
7	8 배당기준일	9	10	11 배당지급일	12	13
14	15	16	17	18	19	20
21	22	23	24	25	26	27
28	1	2	3	4	5	6

은 2월 11일에 배당금을 지급했습니다. 미국 기업은 배당금도 속전속결로 지급하죠?

배당주는 장기투자에서 힘을 발휘합니다. 지금 당장 투자금이 적다고 실망하지 말고 투자금 중 일부로 꼭 배당주 장기투자를 실천해봅시다. 10년, 20년 뒤에 한국의 워런 버핏이 되어 있기를 기대하면서 말이죠.

아무것도 안 하고
돈 버는 인덱스 투자

미국 주식, 뭐 살지 모르겠으면 그냥 미국을 사버립시다

투자해서 돈은 벌고 싶지만 공부하기는 싫은 것이 사람의 마음입니다. 만약 여기까지 읽고 사이클에 따라 투자하는 것이나 기업 가치를 평가하여 투자 종목을 선정하는 것이 너무 어렵게 느껴져서 '차트 공부해볼까? 차트 매매로 돈 버는 사람도 있잖아?'라는 생각이 든다면 잠시 그 마음을 접어주세요. 차트 매매보다 안정적이고, 신경 쓰지 않아도 수익을 올리는 방법이 있으니까요. 마치 사기꾼이 하는 말처럼 들릴 수 있겠지만 이는 세계적인 투자자 워런 버핏도 추천하는 투자 방법입니다.

버핏은 2013년 버크셔해서웨이 주주총회에서 "유산 중 10%는 미국 국채를 매입하고, 나머지 90%는 전부 S&P500

인덱스 펀드에 투자할 것"이라며 유언장에도 해당 내용을 남겼습니다. 그렇다면 버핏이 추천한 인덱스 펀드가 대체 무엇일까요?

인덱스 펀드는 증권시장의 장기적 성장 추세를 전제로 하여 시장 주가지수를 추종해 시장 평균수익률을 추구하는 펀드입니다. 쉽게 말해 '뭐가 좋을지 몰라서 다 사버리는 투자'인 것이죠. S&P500은 우리나라의 코스피200처럼 미국에서 시장을 대표하는 주가지수 중 하나로, 미국을 대표하는 500개 대기업의 시가총액 기준으로 만들어진 지수입니다. 그러니까 버핏이 10년 동안 'S&P500 인덱스 펀드'에 투자한 것은 미국을 대표하는 500개의 기업에 투자한 것이니 '미국이란 국가'에 투자한 것과 같은 의미가 됩니다.

인덱스 펀드는 별다른 고민과 생각이 필요하지 않습니다. 단순하게 '지수'만 따라가면 되니까요. 지수가 오르면 가격이 따라 오르고, 반대로 시장이 하락하면 가격도 하락합니다. 그래서 일반 주식형 펀드와 다르게 어떤 종목을 사고팔지 결정할 펀드 매니저가 필요하지 않아 패시브 펀드Passive Fund로 분류됩니다. 패시브 펀드인 인덱스 펀드는 다시 일반적인 펀드 상품으로 가입하는 형태와 주식시장에서 사고파는 ETF로 나뉩니다.

우리가 흔히 알고 있는 '펀드'는 대개 펀드 매니저가 운용하고 관리하는 액티브 펀드Active Fund를 말합니다. 펀드 매니저는 애널리스트가 분석해놓은 자료를 참고하고, 기업 탐방 등 시장 조사를 통해서 성과가 좋을 것으로 예상되는 기업을 선정해 투자 포트폴리오를 만듭니다. 좋은 기업을 발굴·투자하여 시장 수익률을 초과하는 수익률을 내는 것이 목적이죠. 좋은 성과를 내기 위해 펀드를 적극적으로 운용합니다. 좋은 종목을 매수하고, 나쁜 종목은 매도합니다. 게으른 인덱스 펀드보다 부지런히 움직이는 액티브 펀드가 좋다고 생각할 수 있지만 반드시 그럴까요? '버핏과 헤지펀드의 10년 내기' 결과로 살펴볼게요.

게으른 투자와 부지런한 투자의 10년 성과 비교

버핏의 10년짜리 수익률 내기에 대해 들어보셨나요? 2007년 말 워런 버핏은 뉴욕의 헤지펀드 운용사 프로테제 파트너스Protege Partners와 10년 투자 내기를 합니다. 저명한 가치투자자이자 장기투자자인 버핏은 내기도 참 길게 하죠? 판돈은 각각 32만 달러로 총 64만 달러였습니다. 이 내기에서 재미있는 것은 버핏의 버크셔해서웨이가 운용하는 투자 포트폴리오가 아닌 인덱스 펀드로 수익률 내기를 벌였다는 점입니다. 버핏은 S&P500 지수 인덱스 펀드를 선택했고, 프로테제 파트너스는 5개 펀드에 분산투자하기로 결정했습니다.

10년 내기의 결과는 버핏의 완승이었습니다. 버핏의 인덱스 펀드는 연평균 7.1%의 수익을 낸 반면, 프로테제 파트너

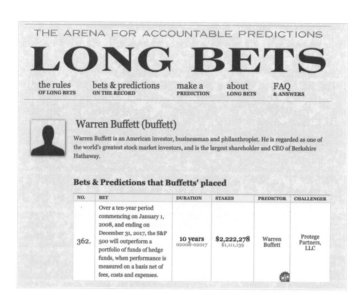

워런 버핏 10년 내기(LONG BETS)

출처: longbets.org

스의 헤지펀드 수익률은 2.2%에 그쳤으니까요. 게다가 내기
의 기간을 살펴면 2008년 1월 1일에 시작되어 10년 동안 진
행되었는데, 2008년 미국발 금융위기로 주식시장이 한 해 동
안 무려 -37% 하락했던 기간을 포함하고 있다는 점에 주목
할 만합니다. 버핏의 내기는 게으른 우리에게 아주 놀라운
비밀을 하나 알려줍니다. 헤지펀드는 월스트리트 중에서도
최고의 인력들이 모이는 곳입니다. 아무것도 하지 않는 인덱
스 펀드가 유수의 인재들이 10년 동안 시장을 이기기 위해 짠
투자 포트폴리오를 이길 수도 있다는 것입니다. 그것도 압도
적으로 말이죠.

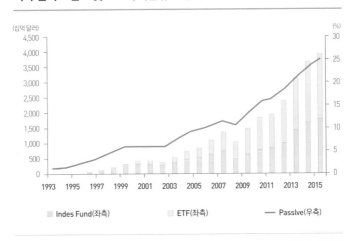

(십억 달러) 단위 좌측 / (%) 단위 우측

- Indes Fund(좌측)
- ETF(좌측)
- Passlve(우측)

출처: ICI, 삼성증권

인덱스 투자는 어떤 기업이 좋은 기업일지 고민하는 수고를 덜어줍니다. '대박을 바라다 쪽박을 차고 싶지 않고 그저 평균 정도만 해도 좋겠다' 혹은 '주식투자로 수익은 내고 싶은데 고민은 하기 싫다'고 생각하는 게으른 개인 투자자, 즉 모든 개인 투자자에게 적합한 투자입니다.

그렇다면 인덱스 펀드 투자는 어떻게 할 수 있을까요? 뮤추얼 인덱스 펀드, 인덱스 ETF를 통해 가능합니다. 두 가지 방법 중에서도 투자의 용이성과 비용 등의 이유로 개인 투자자는 인덱스 ETF를 더 선호하는데요, 초보 맞춤, 대세 ETF에 관해 자세히 알아봅시다.

초보 맞춤,
ETF로 시작하는 미국 투자

'주식'처럼 거래하는 펀드, ETF

투자는 투자 종목을 직접 선택해 사고파는 직접투자와 '펀드' 형태로 투자 종목 선택부터 사고파는 실행까지 전문가에게 맡기는 간접투자로 나뉜다는 것 알고 있죠?

상장지수펀드 ETF_{Exchange Traded Funds}는 증권거래소_{Exchange}*에 상장되어 주식처럼 거래되는_{Traded} 펀드_{fund}입니다. 상장지수펀드라는 이름에서 알 수 있듯이 ETF는 인덱스를 추적하는 인덱스 펀드인 동시에 주식처럼 시장에서 자유롭게 사고팔 수 있는 펀드입니다.

그러니까 ETF는 인덱스 펀드와 주식의 장점을 모두 갖춘

---

* 정확하게는 'Stock Exchanged'입니다.

펀드와 주식의 특징을 모두 가진 'ETF'

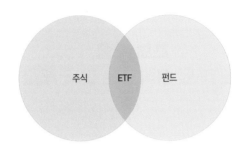

편리한 투자 도구라고 할 수 있습니다. 개별 주식에 비해 변동성이 적어 상대적으로 마음 편하게 투자할 수 있는 상품으로 각광 받고 있습니다. 왜 그런 것인지 자세히 살펴볼까요?

초보 개인 투자자에게 ETF 투자가 찰떡인 5가지 이유

❶ 투자 판단이 쉽다

초보 투자자가 주식투자를 어려워하는 이유는 '잘 몰라서 두렵기 때문'입니다. 잘 모르는 상태에서도 투자 실패를 줄이는 방법은 개별주가 아닌 ETF로 투자하는 것입니다. ETF는 상대적으로 투자 판단은 쉽고 위험도는 낮기 때문입니다. 개별 기업의 재무 상태, 경영 상태, 경쟁 기업 등을 분석해 가장 투자할 만한 개별주를 선정하는 것보다는 상승세인지 하락세인지 시장의 전체적인 방향만 판단해 투자하는 것이 더 쉽기 때문입니다. 카카오와 네이버 중에서 어디에 투자할지 고민하는 것보다 둘 다 투자하기로 결정하는 것이 더 쉽다는 말이에요.

❷ 소액으로 분산투자할 수 있다

투자금이 적은 경우 ETF 투자를 통해 소액으로 분산투자가 가능합니다. 아마존 1주를 사기 위해서는 400만 원이 있어야 합니다. 그런데 ETF를 활용하면 아마존을 비롯하여 S&P500에 포함되는 모든 기업을 50만 원으로 살 수 있습니다(SPY ETF).* 적은 금액으로도 비싼 우량주에 안전하게 분산투자할 수 있다는 것이 ETF의 가장 큰 장점입니다.

❸ 비용이 저렴하다

ETF는 타 금융 상품에 비해 가성비가 좋습니다. ETF도 펀드이므로 운용 보수가 존재하지만 일반 펀드에 비해서 저렴합니다. 일반적인 생필품을 살 때는 '그래도 비싼 게 좋다'를 적용하지만 투자에서는 다릅니다. 비용이 커지면 수익률이 줄어듭니다. 예를 들어 A 상품과 B 상품의 수익률이 동일하게 10%이고 A 상품과 B 상품의 투자비용이 각각 1%, 3%라

---

* 2021년 3월 기준 / SPY ETF: 미국우량주 500개를 뽑은 '주식회사 미국', S&P500 지수를 추종하는 ETF입니다.

면 실질 수익률은 A가 B보다 2%나 더 높아집니다.

❹ 펀드 운용이 투명하며 실시간으로 매매할 수 있다

ETF는 주식의 형태이기 때문에 HTS나 MTS를 통해 실시간으로 정보를 확인하고 매매할 수 있습니다. 그러나 주식형 펀드에 투자할 경우 펀드의 환매수수료가 있는 기간에는 환매수수료를 징수하므로 상대적으로 중도에 투자 자금을 찾는 것이 어렵습니다. 또한 펀드 판매가 종료되면 가입하지 못할 수도 있습니다. 펀드 환매에는 일주일 정도가 소요되는데요,

자산운용사와 증권사, 뭐가 다를까?

ETF의 '내용'은 '펀드'이기 때문에 펀드를 설정하고 관리하는 회사가 필요합니다. ETF는 자산운용사가 관리합니다. 자산운용사는 ETF라는 금융상품을 설정하고 상장시켜 관리하면서 운용 보수를 받습니다. 초보 투자자는 '자산운용사'와 '증권사'를 혼동하기도 하는데요, 자산운용사와 증권사는 완전히 다른 회사며 역할도 다릅니다. 자산운용사는 펀드와 같은 금융상품을 만들고, 투자 중개인인 증권사나 은행을 통해서 고객에게 판매합니다. 자산운용사에서 ETF 상품을 출시해 상장시키면 개인 투자자는 증권사를 통해 ETF를 사고팔 수 있습니다. 그러니까 삼성증권과 삼성자산운용, 미래에셋대우증권과 미래에셋자산운용은 전혀 다른 회사입니다.

글로벌 ETF 시장 규모

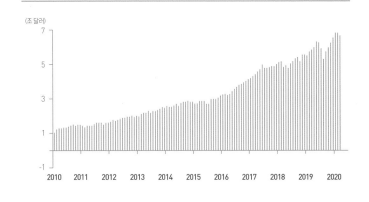

(조 달러)

2010 2011 2012 2013 2014 2015 2016 2017 2018 2019 2020

출처: Morningstar, 키움증권 리서치

ETF의 결제일은 주식과 동일하게 'T+2일'입니다.

글로벌 ETF 시장 1위, 미국 시장

미국 시장은 주식시장뿐 아니라 글로벌 ETF 시장에서 차
지하는 비중 역시 전체 시장의 70%로 압도적인 비중을 자랑
하는 글로벌 1위 시장입니다(순자산총액AUM 기준). 미국 시장을
빼고서는 ETF 시장을 논할 수 없죠. 지속적으로 성장 중인
글로벌 ETF 시장의 총자산 규모는 6조 5,870억 달러입니다
(2020년 10월 기준).

글로벌 ETF 시장, 상장 지역별 현황

지역	ETF 개수	비중	AUM (bln $)	비중	AUM/ ETF(mln $)
미국	1,991	29.4	3,914	70.1	1,966.20
유럽	1,945	28.7	886	15.9	455.3
일본	194	2.9	349	6.3	1,801.1
아시아 (일본 제외)	1,170	17.3	222	4	189.7
캐나다	628	9.3	135	2.4	215.4
중동/ 아프리카	653	9.6	33	0.6	50.7
호주	149	2.2	34	0.6	229
남미	46	0.7	11	0.2	232.2
합계	6,776	100	5,584	100	824.1

출처: Vanguard, 키움증권 리서치

미국 시장을 지배하는 3대 자산운용사

성공적인 미국 ETF 투자를 위해서는 주요 자산운용사의 투자 방향을 살피는 것이 중요합니다. 미국의 3대 ETF 운용사가 전체 미국 ETF 시장에서 차지하는 점유율이 80%에 육박하기 때문입니다. 사실상 3개의 회사가 시장을 장악하고 있는 셈이지요.

❶ 블랙록BlackRock, Inc.

블랙록은 미국 1위 자산운용사입니다. 블랙록의 ETF 브랜드는 'iShares'이며 ETF 시장에서 40%에 육박하는 점유율을 차지하고 있습니다. 대표 ETF로는 iShares Core S&P500 ETF(IVV), iShares 20 Plus Year Treasury Bond ETF(TLT)가 있습니다.

블랙록이 운용하는 자산은 약 8.7조 달러(한화로 약 9,900조)로 한국 정부의 한 해 예산의 15배가 넘는 규모입니다. 시장의 큰손이 어떤 투자처에 관심을 두고 있는지 보고, 돈의 흐름을 파악하는 것은 성공적인 투자를 하는 데 큰 힌트가 됩니다. 블랙록의 대표 래리 핑크의 신년사, 주주서한 등은 투자자들에게 중요한 메시지로 여겨집니다.

래리 핑크는 2020년 연례 서한에서 "기후 리스크가 곧 투자 리스크Climate risk is investment risk"라 언급하며, 내연기관 및 화석연료 등과 관련 있는 '지속가능성' 리스크가 높은 자산을 매각하거나 새로운 투자상품을 개발할 때 제외할 것이라 밝혔습니다. 향후 투자 방향을 아주 명확하게 밝힌 것입니다. 2020년 수익률 상위 ETF를 보면 1~3위 모두 친환경 관련 ETF인 것이 단순 우연은 아닐 겁니다. 블랙록은 투자에서 '지속가능성'과 '탄소 중립Net Zero'*에 관심을 두고 있으니까요.

글로벌 자산운용사의 영향력은 국내 기업에까지 미칩니다. 블랙록은 2020년 5월 삼성전자, LG화학 등 국내 기업에

---

* '탄소 중립 선언'으로, 이산화탄소 발생량을 0으로 만드는 것을 말합니다.

블랙록 래리 핑크의 신년사 확인하기

기후 관련 리스크를 공시하라는 내용의 서한을 보냈습니다. 저 역시 미국 ETF 투자를 처음 시작할 때 블랙록의 신년사가 투자 결정에 큰 도움을 주었습니다. 블랙록의 신년사를 확인한 덕분에 수익률 상위 10개 ETF 중에서 3개를 포트폴리오에 넣을 수 있었고 개별 주식투자에 굴하지 않는 안정적인 수익을 맛볼 수 있었습니다.

미국 시장이든 국내 시장이든 전 세계의 큰 흐름을 거스르지 않고, 파도를 타듯 트렌드에 맞는 투자를 한다면 성공 가능성을 높일 수 있습니다. 초보 투자자일수록 시장의 큰 흐름 파악이 투자 성패를 좌우합니다.

2020년 수익률 Top10 ETF

심볼 Symbol	ETF 종목명	연수익률 YTD
TAN	Invesco Solar ETF	233.93%
PBW	Invesco WilderHill Energy ETF	204.79%
QCLN	First Trust NASDAQ Clean Edge Green Energy Index ETF	183.97%
ARKG	ARK Genomic Revolution ETF	180.38%
ARKW	ARK Next Generation Internet ETF	157.43%
ARKW	ARK Innovation ETF	152.70%
PBD	Invesco Global Clean Energy ETF	145.38%
ICLN	iShares Global Clean Energy ETF	141.78%
ACES	ALPS Clean Energy ETF	140.31%
KGRN	KraneShares MSCI China Environment ETF	138.46%

출처: ETFdb.com

❷ 뱅가드 그룹 Vanguard Group

뱅가드는 미국 2위 자산운용사입니다. 업계 최저 수준의 저렴한 수수료와 운용비용이 장점이며 뱅가드의 ETF 브랜드 는 'Vanguard'입니다. 대표 ETF로는 Vanguard 500 Index Fund ETF(VOO), Vanguard Total Stock Market Index Fund ETF(VTI) 가 있습니다.

❸ SSGA State Street Global Advisors

블랙록, 뱅가드와 함께 세계 3대 자산운용사로 꼽힙니다.

뱅가드가 인덱스 펀드의 시초라면 SSGV는 ETF의 창시자라고 할 수 있습니다. 브랜드명은 'SPDR'이며 세계 최초의 인덱스 추종 펀드 SPY(SPDR S&P500 Trust ETF)를 만든 회사입니다. 대표 ETF로 SPY, SPDR® Gold Shares(GLD)가 있습니다.

3대 ETF 공급자의 시장점유율(1998년~2019년)

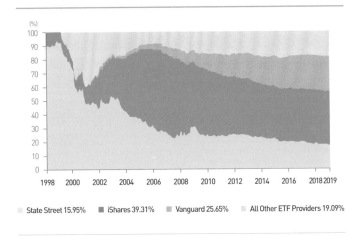

State Street 15.95%   iShares 39.31%   Vanguard 25.65%   All Other ETF Providers 19.09%

출처: morningstar.com

나는 한국 반 미국 반 투자한다

글로벌 자산운용사 ETF 브랜드

ETF 브랜드	자산운용사
iShares	Black Rock
Vanguard	Vanguard
SPDR	State Street
PowerShares	Invesco
Schwab	Charles Schwab
First Trust	First Trust
VanEck Vectors	VanEck Vectors
Proshares	Proshares
ARK	Ark Investment

취향대로 고르는
ETF로 잃지 않는 투자를 하라

ETF 투자, 그래서 어떻게 하면 될까요?

ETF를 활용하면 주식뿐만 아니라 채권, 리츠, 상품 및 원자재, 통화 등 거의 모든 글로벌 자산에 편리하게 투자할 수 있습니다. 또한 정해진 시장 지수를 추종하는 ETF뿐 아니라 초과 수익을 추구하기 위해 다양한 투자 전략을 활용하는 ETF도 있죠. 따라서 개인의 투자 목적과 취향에 따라 ETF를 활용해 나만의 포트폴리오를 구성해볼 수 있어요. 모든 ETF 투자를 정리한다면 새롭게 책 한 권이 나와야 할 겁니다.

우리는 '주식형 ETF'만 정리할 것입니다. 만약 주식 이외에 채권이나 원자재 등 다른 기초자산 투자에 관심이 있다면 추후 공부해보세요. 우선 주식형 ETF 중에서도 가장 대표적인 3가지만 정리하면 됩니다.

ETF 종류

시장대표 ETF	섹터 ETF	테마 ETF
• 시장을 대표하는 지수(KOSPI 200/KRX100)를 추종 • 지수 관련 ETF 중 위험성(변동성)이 가장 낮음	• 특정 업종에 소속된 기업에 분산투자 • 개별 종목 투자에 따른 위험을 회피하면서 시장 평균 수익 이상을 추구 • 동일 산업에 소속된 기업들의 주가는 업황, 계절적 수요 능과 같은 방향으로 움직이는 경향 • 섹터지수 ETF의 가격 변동성은 주식보다는 낮으나, 여타 다른 ETF보다는 높은 편	• 녹색산업, 태양광 등 주식시장에 영향을 미치는 사건이 생기면 투자자의 관심이 해당 테마에 집중되어 관련 종목 가격 동조 • 이러한 투자자의 다양한 요구에 맞추어 시장의 테마를 형성하는 종목으로 구성한 ETF
해외 ETF	**스타일 ETF**	**상품 ETF**
• 해외 주식시장에 투자하며 해외거래소 지수를 추종 • 해외지수를 국내에서 실시간으로 거래하여 효과적인 분산투자와 해외 투자가 가능 • 국내 시장 침체 시 대안으로 활용	• 기업 특성과 성과 형태가 유사한 주식 집단으로 구성된 지수를 추종 • 기업의 시가총액에 따라 대형주/중형주/소형주로 구분하며 다시 가치주와 성장주로 분류함	• 상품 가격 또는 상품 선물을 이용한 선물 지수를 추종 • 직접 상품 투자 대신 상품 ETF를 매매함으로써 상품에 대한 투자 가능
채권 ETF	**파생상품 ETF**	**통화 ETF**
• 국채와 우량 회사채 등의 채권지수를 추종 • 소액으로도 고액의 채권 투자 가능 • ETF의 장점인 분산 효과와 채권의 장점인 환금성·안전성을 겸비	• 기초지수와 변동에 일정 배율을 연동하는 운용성과를 목표 • 레버리지 ETF는 기초지수의 변동에 대해 2배 이상의 수익률을 추구 • 인버스 ETF는 기초지수의 변동에 대해 역방향의 수익률을 추구 • 지수가 하루 이상 연속하여 등락 변동성을 보이는 경우, 그 변동과 같은 비율로 수익률이 나타나지는 않음	• 통화지수를 추종 • 외환투자가 용이하며 외환시장 접근의 용이성과 투명성이라는 측면에서 투자자의 편의를 높임

출처: etftrend.co.kr

무조건 돈 벌고 싶다면 '시장지수 ETF' 투자

가장 기본적인 인덱스 ETF로, S&P500, 다우존스, 나스닥 100과 같이 시장을 대표하는 지수를 추종합니다. 운용 규모가 가장 큰 상위 5개 ETF 중 4개가 미국 시장지수 ETF입니

Ticker	Name	Segment	Issuer	Expense Ratio	AUM ▲
SPY	SPDR S&P 500 ETF Trust	Equity: U.S. - Large Cap	State Street Global Advisors	0.09%	$354.26B
IVV	iShares Core S&P 500 ETF	Equity: U.S. - Large Cap	Blackrock	0.03%	$270.15B
VTI	Vanguard Total Stock Market ETF	Equity: U.S. - Total Market	Vanguard	0.03%	$230.88B
VOO	Vanguard S&P 500 ETF	Equity: U.S. - Large Cap	Vanguard	0.03%	$212.26B
QQQ	Invesco QQQ Trust	Equity: U.S. - Large Cap	Invesco	0.20%	$162.10B

총운용자산 Top5 ETF

출처 : etf.com

다. 시장 지수를 추종하는 인덱스 ETF는 워런 버핏의 유언장에 등장하는 투자로 장기투자 시 손실을 볼 확률이 0에 수렴하는 가장 확실한 투자입니다. 안정적인 시장 수익률이 목표인 투자자에게 적합한 반면 좀 더 적극적인 수익률을 추구하는 투자자에게는 시시하게 느껴질 수 있습니다. 초과 수익을 기대하는 투자자에게는 섹터 ETF, 테마 ETF가 적합합니다.

초과 수익을 기대한다면 '섹터 ETF' 투자

초과 수익을 추구하는 투자자라면 섹터 ETF에 투자할 수 있을 거예요. 섹터 ETF는 특정 섹터에 속한 기업들로 구성된 지수를 추적하는 ETF입니다. 특정 업종이 시장을 주도할 때 초과수익률을 거들 수 있습니다. 예를 들어 테크 섹터 ETF, XLKTechnology Select Sector SPDR Fund는 2015년부터 시장평균을 초과하는 성과를 거둔 반면 에너지 섹터 ETF, XLEEnergy Select Sector SPDR Fund는 시장평균을 하회하였습니다.

나는 한국 반 미국 반 투자한다

S&P500, XLK, XLE 비교 차트

출처 : 야후 파이낸스

앞서 사이클에 따른 섹터 투자 전략을 정리했는데요, 시장의 사이클을 확인하고 투자 가능한 섹터를 찾아봅시다. 어떤 섹터에 속하는 기업에 투자할까 고르는 대신에 아예 섹터 자체에 투자하면 투자 실패를 줄이고 안정적인 시장 초과 수익을 얻을 수 있습니다. 특히 강세장에는 늘 주도 섹터가 있는데요, 주도주에 투자하면 높은 수익률을 얻을 수 있는 반면 소외된 업종에 투자하면 평균 이하의 수익률을 거두게 됩니

미국 시장 대표 섹터 ETF

출처 : etf.com

미국 주식, 어디서부터 시작할까?

277

다. 'Finviz' 홈페이지에서 기간에 따른 섹터별 등락률을 확인
할 수 있습니다. 최근 시장을 주도했던 섹터와 성과가 부진
했던 섹터를 찾아 비교해보세요.

린지 추천! 트렌드에 올라타는 '테마 ETF' 투자

테마 ETF는 사회·경제적 트렌드 변화에 투자하는 것이라
고 할 수 있어요. 사회·경제의 구조적 변화를 이끌 기업의 주
식으로 구성된 지수를 추종하는 방식으로 운용됩니다. 테마
ETF는 세상의 급격한 변화에 가장 안전하게 올라탈 수 있는
도구이기도 합니다. 투자자의 취향에 맞게 인공지능, 신재생
에너지, 원격진료 등 장기적으로 유망한 테마에 투자해 시장
평균 수익률 이상의 성과를 거둘 수 있기 때문입니다.

테마 ETF가 전체 ETF 시장에서 차지하는 비중은 아직 작
지만 그 성장폭이 가파릅니다. 2020년 4분기 말 테마 ETF는
148개, 총 관리 자산은 1,041억 달러로 3분기 대비 78% 증가
했습니다. 시장지수나 섹터를 추종하는 인덱스 ETF 투자가
개별주 투자에 비해 시시하게 느껴진다면 테마 ETF에 주목
해야 합니다. 앞서 본 '2020년 수익률 Top 10 ETF' 전부 테마
ETF입니다. 개별주 못지 않은 수익률이죠?

테마 ETF가 매력적인 이유는 내가 원하는 분야를 콕 집어
투자할 수 있기 때문입니다. 코로나19 이후 세계적으로 양
극화가 심화되고 있어요. 재정 부양책을 사용할 수 있는 여

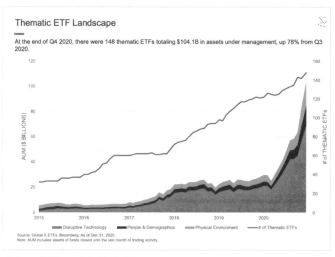

테마 ETF 현황(2020년 4분기 기준)

출처: Globalxetfs.com

력이 되고, 코로나19에 대응하기 위한 의료 체계를 갖춘 선진국과 그렇지 못한 신흥국의 격차는 더 크게 벌어졌습니다. 소수의 대형 기업으로 부가 집중되었고요. 스타벅스와 같은 대형 기업은 코로나19로 인해 매출이 줄어드는 타격을 버틸 수 있는 반면 소상공인으로 분류되는 작은 기업은 버티지 못하고 문을 닫습니다. '코로나19 이후 양극화와 집중화'라는 시대적 변화를 고려했을 때 시장 대표 지수에 분산투자하는 것보다 트렌드의 변화를 이끌어갈 소수의 기업이나 섹터에 집중투자하는 것이 수익률 측면에서 적합해 보입니다.

예를 들어 리테일 산업에 투자하길 원하지만 오프라인 매장이 아닌 온라인 이커머스E-Commerce 시장에만 투자하고 싶은

경우, 고령화라는 글로벌 트렌드를 반영한 제약이나 원격진료 산업에만 집중 투자하고 싶은 경우 시장 ETF나 섹터 ETF가 아닌 테마 ETF로 현명하게 투자할 수 있습니다.

테마 ETF 투자 ❶ 관심 테마 정하기

글로벌산업분류기준GICS처럼 테마 ETF는 파괴적 기술, 인구 및 인구통계, 물리적 환경이라는 3가지 테마로 나뉘고, 또다시 메가 테마, 테마, 하위 테마로 분류됩니다. GlocalX의 테마 분류를 보고 관심 있는 투자 테마를 선정해봅시다. 일상의 변화, 사회의 변화 속에서 투자 기회를 찾아보세요. 예를 들어 저는 '데이터'가 미래의 오일이라고 생각합니다. 미

GLOBAL X THEMATIC CLASSIFICATION SYSTEM
Source: Global X Research. As of 12/31/2020.

Category	Mega-Theme	Theme	Sub-Theme
Disruptive Technology	Big Data	Machine/Deep Learning	
		Cybersecurity	
		Quantum Computing	
		Cloud/Edge Computing	Remote Work
	Mobility	Autonomous Vehicles	
		Electric Vehicles	Lithium/Batteries
	Digital Content	AR/VR	
		Video Games	E-sports
		Social Media	
	FinTech	Mobile Payments	
		Peer-to-Peer Lending	
		Crowdfunding	
		Blockchain	
	Connectivity	Digital Infrastructure	
		5G/Next Gen Networking	
		Emerging Markets Internet	
		Internet of Things	Smart Devices, Smart Cities IIoT
		Space/Satellite Communications	
	Robotics	AI/Automation	
		3D Printing	
		Drones	
People & Demographics	New Consumer	Millennials & Gen Z	
		Emerging Market Consumers	
		Urbanization	
		E-commerce	
		Education	
		Sharing/Gig Economy	
		Safety and Security	
		Cannabis	
		Sports Betting	
	Health	Healthcare Innovation	Telemedicine & Digital Health, Genomics, Immunotherapy, Public Health
		Longevity	Senior Care, Senior Economy
		Health & Wellness	Obesity, Organics
		Emerging Markets Healthcare	
Physical Environment	Climate Change	CleanTech	
		Clean & Renewable Energy	Solar, Wind
		Resource Scarcity	Water, Waste/Recycling, Rare Earth, Sustainable Food
	Infrastructure Development		

GlocalX의 테마 분류 시스템

출처: GlobalX

래의 자율주행, 인공지능 등의 기술이 실현되기 위해서는 클라우드 컴퓨팅 기술이 반드시 필수적이라 생각해서 관련 테마에 투자합니다.

테마 ETF 투자 ❷ 관심 테마에 속하는 ETF 찾기

관심 테마를 선정했다면 해당 테마에 속하는 ETF를 찾아봅시다. 동일한 테마 ETF여도 운용사에 따라 투자 내용과 운용 보수 등이 달라 투자 결과도 다르게 나올 수 있습니다. 예를 들어볼까요? 관심 있는 '클라우드 컴퓨팅' 테마 ETF에 SKYY, CLOU 등이 있다는 것을 확인한 저는 'ETF.com'에 접속해 관심 ETF 티커를 검색한 뒤 ETF가 투자된 기업, 섹

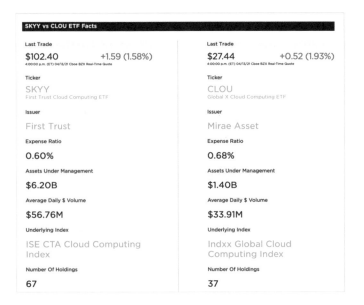

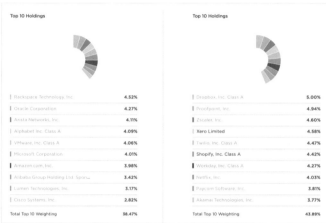

클라우드 테마ETF SKYY와 CLOU 비교

출처 : etf.com

터 구성 및 상위 투자 기업 등의 정보를 확인합니다. 그리고
ETF.com이 제공하는 무료 비교 툴을 활용해 동일 테마 ETF
를 비교해봅니다(ETF Tools&Data > ETF Comparison Tool).

혹은 역으로 관심 기업이 포함된 ETF를 찾아 'ETF Stock
Finder'를 활용할 수 있습니다(ETF Tools& Data > ETF Stock
Finder). 예를 들어 관심 기업 '테슬라'를 포함하고 있는 ETF

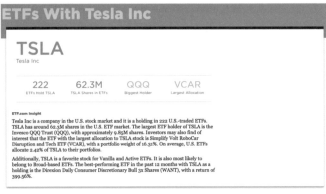

ETF.com에서 테슬라를 보유한 ETF 찾기

출처 : www.etf.com

를 검색해볼까요? 테슬라를 보유하고 있는 ETF는 총 222개
가 존재하고, 테슬라를 가장 많이 보유한 ETF는 QQQ, 포트
폴리오에서 테슬라 비중이 가장 큰 ETF는 VCAR라는 정보를
확인할 수 있습니다.

좋은 ETF 고르는 법: 복제 잘하는 ETF를 고르세요

S&P500 지수를 추적하는 인덱스 ETF에는 SPY와 VOO가 있습니다. 같은 인덱스를 추종한다면 어떤 ETF에 투자해야 할까요? 우선 같은 성격의 투자라면 비용이 저렴한 것이 좋겠죠? 그 외에 또 어떤 부분을 살펴보아야 할까요? '수익률이 주가지수와 연동되도록 운용'되며, '기준가격이 시장가격과 일치하는' ETF가 좋은 ETF입니다.

❶ 추적오차가 적은 ETF를 골라라

ETF가 추적하는 지수와 기준가격의 차이를 '추적오차$_{\text{Tracking Error}}$'라고 부릅니다. 기준가격은 순자산가치$_{\text{NetAsset Value, NAV}}$*를 말하는데요, 추적 오차가 적을수록 ETF가 벤치마크 지수를 오류 없이 잘 추종하고 있음을 의미합니다.

예를 들어볼까요? SPY는 S&P500을 추종하는 ETF입니다. 만약 S&P500 지수가 2% 올랐다면 이를 추종하는 SPY ETF의 기준가격도 2% 상승해야 합니다. 특정 지수를 추종하는 것이 ETF 투자의 본질이므로 추적오차가 적은 ETF가 좋은 ETF입니다.

---

* ETF가 보유한 총자산에서 부채총액과 운용보수를 차감한 값

추적오차와 괴리율을 봐야 하는 이유

* 벤치마크지수 : ETF가 추적하는 지수를 의미합니다.

❷ 거래량이 많고 괴리율이 낮은 ETF를 고르자

ETF는 2가지의 가격이 존재합니다. '기준가격'과 '시장가격'입니다. '괴리율'은 두 가격의 차이를 말합니다. 지수를 맹목적으로 추종하는 기준가격과 다르게 시장가격은 주식의 주가처럼 시장에서 거래되는 호가로 수요와 공급의 영향을 받습니다. 좋은 ETF는 기준가격과 시장가격의 괴리율이 낮아야 합니다.

괴리율이 높아졌다는 것은 ETF의 가격이 추종하는 자산의 제값에서 벗어났다는 의미입니다. 기초자산의 변동을 제대로 반영하지 못한다는 것이죠. 괴리율이 높으면 ETF 기초자산에 비해 높게 평가된 것이고 낮으면 저평가된 것입니다. 예를 들어 괴리율이 −2%라는 것은 ETF 거래가격이 기초자산에 비해 2% 저평가되었다는 의미입니다.

괴리율이 높은 것과 낮은 것 모두 투자자에게 피해를 줄

수 있습니다. 가령 괴리율이 높은 ETF를 매수하면 다음날 시장에서 기초자산 가격이 오르더라도 ETF 거래 가격에 변동이 없거나 오히려 가격이 내려가 손해를 볼 수 있습니다. 특히 거래량이 부족하면 괴리율이 증가할 수 있습니다. 원활하게 거래가 이루어지려면 유동성이 충분하여 매수·매도 호가가 촘촘해야 합니다. 그런데 거래량이 적으면 유동성이 부족해 매수와 매도가 원활하게 체결되기 어려워지기 때문에 지수와 가격이 따로 움직이거나 소량 주문으로도 주가가 급변합니다. 그 결과 비싸게 사고 싸게 팔아야 하는 상황이 발생할 수 있습니다.

부록

린지의 잃지 않는
투자 포트폴리오

린지 추천! 장기투자해도 좋은 국내 8개 기업

섹터	국내 기업
커뮤니케이션	네이버, 엔씨소프트
정보기술IT	리노공업, 파크시스템스, 고영, 더존비즈온
산업재	한국기업평가
필수소비재	LG생활건강

❶ 업계 1위 기업

NAVER

국내 1위 포털사이트입니다. '서치플랫폼'뿐 아니라 주요
사업 부문인 '콘텐츠'와 '커머스'에서도 모두 두각을 나타내고

있습니다. 금융(보험 및 대출) 분야 및 컨텐츠 시장의 잠재된 성장성이 기대되는 기업입니다.

엔씨소프트
국내 1위 게임 기업입니다. 메타버스 시장이 재평가되며 최대 수혜주가 될 것으로 기대됩니다.

❷ 압도적인 기술력을 보유한 반도체 관련 기업

리노공업
반도체 검사용 소켓 시장 점유율 1위 기업으로 삼성전자, 엔비디아, TSMC 등 전 세계 반도체 기업을 고객으로 두고 있습니다. 건전한 재무 구조를 가지고 있으며 영업이익률 30%를 상회합니다.

파크시스템스
반도체 공정에 사용되는 산업용 원자현미경을 생산하는 국내 유일한 기업입니다. 미국의 브러커Bruker를 경쟁사로 두고 있는 글로벌 시장점유율 2위 기업입니다.

고영
3D 납도포 검사장비(SPI) 분야 세계 1위 기업입니다. 신사업으로 의료장비(수술용 로봇)을 두고 있으며 뇌수술용 로봇

'카이메로'를 개발했습니다.

❸ 진입장벽이 높은 산업 내 기업

더존비즈온

기업용 솔루션 전문 기업으로 국내 ERP 시장 2위 기업입니다. ERP 시장은 그 특성상 신규 업체의 진입이 어려운 가운데 클라우드 시장의 성장에 따른 수혜가 기대되는 기업 입니다.

한국기업평가

신용평가시장은 3사(한국기업평가, NICE신용평가, 가 균일하게 점유하고 있습니다. 특성상 새로운 경쟁자가 등장하기 어려우며, 비교적 안정적인 규모를 유지하는 기업으로 꾸준히 배당금을 지급해온 기업입니다.

❹ 경기변동의 영향이 적고, 꾸준히 수요가 존재하는 기업

LG생활건강

화장품, 생활용품, 식음료 3개의 사업 영역을 가진 국내 1위 필수소비재 기업입니다. 생활용품과 식음료는 타 산업에 비해 경기변동에 의한 영향이 적은 편이며, 화장품은 브랜드 충성도의 영향을 받습니다. 안정적인 현금흐름을 가진, 꾸준히 배당금을 지급해온 몇 안 되는 국내 기업 중 하나입니다.

린지 추천! 절대 수익을 만드는 ETF 활용법

안정성과 수익률을 모두 추구하고 싶은 초보 투자자가 쉽게 따라할 수 있는 미국 ETF 투자 방법! 바벨전략*을 활용한 포트폴리오 투자를 소개합니다. 포트폴리오를 '시장지수 ETF+테마 ETF'로 구성하는 것입니다. 그러면 주식시장 평균수익률과 초과수익률을 동시에 추구할 수 있습니다. 이때 주의해야 할 점은 포트폴리오 내 모든 자산이 위험자산인 '주식'으로 구성되어 있다는 점입니다. 따라서 잃지 않는 투자를 하기 위해서는 주식이라는 자산에 투자해도 되는 시기인지 시장 사이클을 먼저 확인해야 합니다.

만약 좀 더 편안한 투자를 하고 싶다면 시장지수 ETF 대신 안전자산 격인 현금을 포함시켜 '현금+테마 ETF'로 자산 배분된 포트폴리오를 구성할 수 있습니다. 일반적으로 '금'이나 '채권'을 안전자산으로 분류하지만 두 자산 역시 사이클의 영향을 받고 가격이 변하는 자산입니다. 따라서 초보 투자자라면 잘 알지 못하는 금이나 채권에 투자하기보다는 안전자산으로 현금을 보유하는 것이 더 현명합니다.

어떤 테마가 미래를 이끌어 갈까요? 제가 관심을 두고 있거나 실제로 투자하고 있는 미국 ETF 8개를 소개합니다.

---

* 중간을 버리고 양극단을 선택하는 투자 전략(보수적인 투자+공격적 투자 조합)

테마/섹터	미국 ETF
클라우드	SKYY(First Trust Cloud Computing ETF)
사이버보안	CIBR(First Trust NASDAQ Cybersecurity ETF)
게임	ESPO(VanEck Vectors Video Gaming and eSports ETF)
로봇	BOTZ(Global X Robotics & Artificial Intelligence ETF)
반도체	SMH(VanEck Vectors Semiconductor ETF)
신재생에너지	PBW(Invesco WilderHill Clean Energy ETF)
2차전지	LIT(Global X Lithium & Battery Tech ETF)
혁신기업	ARK Innovation ETF(ARKK)

투자하고 싶은 ETF를 선택하여 포트폴리오비주얼라이저 닷컴(portfoliovisualizer.com)에서 백테스트해봅시다. 포트폴리오의 투자 성과, 자산별 투자 비중, 위험도의 분산 비율, 투자 섹터, 운용보수 등을 확인할 수 있습니다.

출처: 포트폴리오비주얼라이저닷컴

나오며

긴 여정을 마치신 독자 여러분 고생하셨습니다. 이제부터
가 진짜 시작입니다. '인생은 실전'이라는 말 들어보셨죠? 주
식도 마찬가지입니다. 주린일 때 가장 어려운 점은 확신이
없다는 것입니다. 저 역시 좋은 기업을 발굴하고, 가치를 평
가해 투자를 실행했지만 기대한 대로 주가가 움직이지 않으
면 조급한 마음이 들고, '내가 틀렸나?' 자주 생각했습니다.

하지만 투자에 대한 확신은 절대 공부만으로는 생기지 않
습니다. 스스로 고민해 판단을 내린 이후 투자를 실행하고
인내하며 실전을 익히는 시간이 반드시 필요합니다. 처음부
터 강한 확신을 가진 투자자는 이 세상에 없다는 사실을 기
억해주세요. 강한 확신을 가진 투자가 꼭 성공한다는 보장도
없습니다. 헤지펀드의 대부라 불리는 레이 달리오도 강하게

확신했다가 파산을 경험했으니까요.

　이런 점에서 투자는 마치 인생과도 같아 보입니다. 주식 투자하며 종종 도종환 시인의 〈흔들리며 피는 꽃〉이라는 시를 떠올렸습니다. 투자를 시작하면 어려운 시기마다 끊임없는 흔들림을 경험하게 되니까요. 하지만 그 흔들림을 통해서 우리는 성장할 것입니다. 저도, 독자들께서도 현명한 투자자로 성장하여 훗날, '그땐 그랬지' 하며 이야기할 날을 기약합시다.

나는 한국 반 미국 반 투자한다

초판 1쇄 2021년 5월 10일
초판 2쇄 2021년 5월 31일

지은이 린지(김신아)
펴낸이 서정희
펴낸곳 매경출판(주)
책임편집 여인영
마케팅 강윤현 이진희 김예인
디자인 김보현 김신아

매경출판(주)
등록 2003년 4월 24일(No. 2-3759)
주소 (04557) 서울시 중구 충무로 2(필동1가) 매일경제 별관 2층 매경출판(주)
홈페이지 www.mkbook.co.kr
전화 02)2000-2634(기획편집) 02)2000-2636(마케팅) 02)2000-2606(구입 문의)
팩스 02)2000-2609 **이메일** publish@mk.co.kr
인쇄·제본 ㈜M-print 031)8071-0961
ISBN 979-11-6484-237-7(03320)
ⓒ2021 린지(김신아)